ポジティブな行動支援

看護・福祉・教育職をめざす人のABA入門

今本　繁 著
IMAMOTO SHIGERU

ふくろう出版

✚ はじめに

　この本は、心理学の中でも行動分析学というユニークかつ実践的学問分野から見た行動の捉え方とその実践方法を解説しています。これまで、応用行動分析は、特別支援教育をはじめ様々な分野で成果を収めてきました。しかし、我が国では研究分野でもそうですが、まだまだ実践現場での普及が遅れています。学校現場の先生や福祉施設の職員の方によるとどうも「専門用語が多くて分かり難い」ということのようです。そして、はじめて応用行動分析を学ぶ福祉、医療・看護の専門職を目指す学部生でも簡単に理解し、実践してもらえるよう心がけました。そこで、この本では、難解な専門用語を避けるために杉山・島宗・佐藤・マロット・ウェリイ・マロット（1995）の「応用行動分析入門」産業図書や島宗（2000）の「パフォーマンスマネージメント」米田出版で使われている用語を参考にしています。行動分析学の概念や用語について、島宗ら（2002）による「行動分析学にもとづいた臨床サービスの専門性：行動分析士認定協会による資格認定と職能分析」を参考にしています。また、行動分析学の基本的考え方は、佐藤（1976）の「行動理論への招待」大修館書店などを参考にしています。さらに深く勉強したい方は、これらの図書を参考になさってください。

　この教科書の基本的なコンセプトは、
1. 行動分析の基本的な枠組みである「行動随伴性」を理解し、日常の行動について随伴性を分析できるようになる。
2. 自身の行動目標を設定し、実際に介入を行うことで応用行動分析による実践法を体験学習してもらう。

の2点です。実際に日常行動の随伴性を分析することは難しいので、授業では演習とフィードバックを通して様々な例を学習するようにしています。また、福祉や看護などの実践研究例を入れて専門的なことに興味をもってもらうように努めました。

この行動分析の教科書を執筆する上で触発された考え方は、著者の今本がウエスタン・ミシガン大学のマロット教授の夏期行動分析セミナーに参加した経験から来ています（もうひとりの著者である島宗先生はここでPh. D. を取得し、現在も最先端の研究をされています）。そこで学んだことは、第一に人間社会でのさまざまな現象や問題を「行動の問題」に翻訳して分析する「理論的分析」という作業と、第二に、行動を分析し解決策を探る上で、行動の環境要因を明らかにする「機能分析」を行うこと、第三にこれらの道具を駆使して現実の身近な問題の解決を図る「実践の科学」についてです。この教科書を使った授業では、これらの3つの作業を受講者の身近な問題から分析し、解決することを主眼においています。

　執筆するにあたり筑波大学大学院時代に学んだことを中心に行動変容の箇所に盛り込みました。恩師の小林重雄先生をはじめ多くの小林研究室の先輩方、仲間の方々に感謝申し上げます。鎌倉やよい先生からは医療分野での実践に関する資料提供をしていただきましたことを感謝申し上げます。実践分野での応用行動分析の普及と発展により、優れた実践や研究が行われることを願っています。

今　本　　　繁

＋目次 | contents

はじめに　01

第1章　人間行動の理解の枠組み　　　　　　　　　　　　　　07

1．行動理論の誕生　08
　1）パブロフの条件反射の実験　08
　2）連合主義　09
　3）行動主義心理学（Behaviorism）　09
　4）新行動主義（Neo-Behaviorism）　10

2．行動分析学（Behavior Analysis）とは？　10
　1）徹底的行動主義（Radical Behaviorism）　10
　2）行動の原因　12

3．応用行動分析（Applied Behavior Analysis：ABA）とは？　14
　1）行動分析学の分野　14
　2）応用行動分析の特徴　14

第2章　行動の法則　　　　　　　　　　　　　　　　　　　　17

1．行動とは？　18
2．行動を分析するための基本的枠組み　19
3．行動の基本法則　24

第3章　行動のアセスメント　　　　　　　　　　　　　　　　35

1．行動目標の選定　36
　1）行動に照準を合わせる　36
　2）行動目標の書き方　38

2．行動の観察と記録　40
　1）行動の頻度や割合の観察と記録　41
　2）行動の実行状況の観察と記録　44

3）行動の随伴性の観察・記録　46

第4章　シングルケーススタディ：介入効果の評価　49

シングルケーススタディ　51

1．ベースラインの測定　51

2．AB デザイン　53

3．ABA デザイン（反転法）　56

4．多層ベースラインデザイン　57

第5章　理論的分析：ひとはなぜそのように行動するのか？　63

　　1）良い行動が生起しない要因についての行動随伴性の理論的分析　68

　　2）困った行動が生起する要因についての行動随伴性の理論的分析　73

第6章　行動変容：環境を変えると行動が変わる　79

1．行動随伴性の枠組み毎のアプローチ　80

　　1）結果事象に焦点をあてたアプローチ（結果操作）　80

　　2）行動に焦点をあてたアプローチ　92

　　3）先行事象に焦点をあてたアプローチ（先行操作）　100

　　4）確立操作に焦点をあてたアプローチ　107

第7章　行動問題に対するポジティブなアプローチ　115

1．ポジティブな支援アプローチ　116

2．行動問題のアセスメント　117

3．行動の機能の特定と対処法の計画　119

4．実施と記録、結果の評価と新たな対処法の計画　130

第8章　恐怖や不安へのアプローチ　133

1．不安や恐怖とは何か？　134

2．レスポンデント条件付け　135

3．通常の不安は、我々が生きる上で必要な反応　138

4．恐怖症とは？　139

5．恐怖症の行動療法　144

第9章　セルフマネージメント　151

1．ルール　　152
2．セルフマネージメント　　157

第10章　パフォーマンスマネージメント　　169
1．パフォーマンスマネージメント　　170
2．行動を変えれば、人生が変わる　　180

第11章　医療・リハビリテーション分野への応用　　183
1．糖尿病へのアプローチ　　184
2．理学療法でのアプローチ　　191
3．歯科治療を嫌がる子ども　　193

第12章　コミュニティや社会問題へのアプローチ　　201
1．社会問題と道徳　　202
2．近所のごみ問題の解決－なぜ人はごみの日を守らないのか？　　207
3．ブロークン・ウィンドウ理論－軽犯罪から凶悪犯罪を助長する要因について　　212
4．行動が変われば、世界が変わる！　　217

付録1　練習問題の解答　　224
付録2　授業で提出する実践課題　　234
付録3　実践レポートのまとめ方　　239

索　引　　243

1章 人間行動の理解の枠組み

自然科学の発展に貢献したニュートンが「天体の運動はいくらでも計算できるが、人の気持ちはとても計算できない」と述べているように、長い間、人間の振る舞いを予測し、科学的に探求することは難しいと考えられてきました。人間の心理現象を扱う心理学という学問が生まれたのは比較的最近のことです。人間の心理現象を科学的に探求する試みは、どのように発展してきたのでしょうか。

1. 行動理論の誕生

　行動分析学は、行動主義心理学から発展してきました。行動主義心理学に影響を与えた考え方のひとつは、唯一明白な知識とは客観的に観察可能なものであるという実証主義哲学です。二つ目は、ダーウィンの進化論のように動物と人間の間には連続性があり、人間の行動のある種のものは、動物を観察することで解明できると唱える動物心理学です。最後に、人間が考えたり、行動したりするのは、何らかの目的や意味があってしているとするウィリアム・ジェームスの機能主義心理学です。行動主義心理学の発展に寄与した発見について幾つかご紹介しましょう。

1) パブロフの条件反射の実験

　ロシアの生理学者イワン・パブロフは、イヌを使って消化腺と唾液腺の研究を行い、ノーベル生理医学賞を取ったことで有名です。研究室にいるイヌには、毎回エサ当番のパブロフの弟子がエサを持って行っていました。ある時、パブロフは、エサ当番の弟子が近づくだけでイヌは唾液を出すようになり、他の人が近づいても

パブロフ
(1849－1936年)

唾液は出さないことを発見しました。その後、実験を重ね条件反射に関する様々な法則を見出しました。パブロフの条件反射は**レスポンデント条件付け**とも呼ばれています。(8章参照)

2）連合主義

パブロフと同時代のアメリカの心理学者にエドワード・ソーンダイクという人がいます。ソーンダイクは、ネコを用いた問題箱の研究を行い、条件反射とは異なる学習のプロセスがあることを発見しました。そして、状況と反応との結びつき（連合）による学習があると主張し、連合主義心理学を唱えました。ソーンダイクの発見した行動の原理として、今日、**効果の法則**として知られているものがあります。それは、ある状況下で、ある行動をして良いことがあると、同じような状況で、その行動が生じやすくなるというものです。

ソーンダイク
(E. L. Thorndike, 1874 − 1949年)

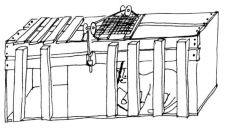

問題箱

3）行動主義心理学 (Behaviorism)

これらの研究知見を基に行動主義心理学を打ち立てたのが、ジョン・ワトソンです。ワトソンは、①客観的に直接観察されないデータは、心理学から除外すべきである、そして②こころ、本能、思考、感情などの主観的概念は心理学とって有用ではないので排除すべきである、また③本能を否定し、思考は内言語であり感情は身体反応であると主張しました。今日ワトソンの立場を**方法論**

的行動主義と言ってその後の新行動主義と区別しています。

4）新行動主義（Neo-Behaviorism）

ワトソンの行動主義に対して、ハル、ガスリー、スキナーらは、こころ、本能、思考、感情などの主観的概念とされるものも研究対象として取り入れようとしました。この動きを新行動主義と呼び、それぞれ独自の発展を遂げました。新行動主義の中で、ガスリーたちの流れは、人間の認知過程を明らかにする認知心理学として発展し、現代の心理学の中で優勢を占めているものです。それに対し行動主義の流れを受け継ぎ、心理学界全体ではマイナーながら、現在もなお継続的に発展を遂げているのがスキナーの行動分析学です。

ワトソン
（J. B. Watson, 1878-1958年）

2. 行動分析学(Behavior Analysis)とは？

B. F. スキナーは、スキナーボックスと呼ばれる実験装置を用いてネズミやハトの行動を実験し、行動分析学という学問を打ち立てました。行動分析学は、ユニークかつ実践的な学問として心理学のみならず、教育や福祉、経済界、産業界に取り入れられ独自の発展を遂げています。この行動分析学が哲学的基盤としているのが、徹底的行動主義です。

1）徹底的行動主義（Radical Behaviorism）

行動分析学は、行動の見方に関して「徹底的行動主義」という考え方を基本

スキナー
(B. F. Skinner, 1904－1990)

スキナーボックス

にしています。徹底的行動主義による行動の考え方は、以下のような事柄です。

❶**自然科学的方法論**：自然科学的方法によって行動を観察、分析、検証します。

❷**行動は私的出来事も含む**：行動は、外見的な身体の動きに限らず、言語行動や複雑な身体内の高次な精神活動（意識や思考など）をも含めて分析の対象とします。つまり、行動とは、見る、話す、持つ、感じる、考えるなど人間や動物にできる全ての活動と考えます。これらの私的出来事は、今の技術では直接外部から観察できないかもしれませんが分析の対象とします。

❸**仮説構成体の排除**：行動の原因として、こころ・意志・自己といった仮説構成体を想定しません。これらの仮説構成体は、ある行動や行動群に名づけた名前にしかすぎません。

❹**行動は個体発生と系統発生との交互作用の関数**：行動は、進化のプロセスで淘汰されてきた遺伝的な要素と個体の成長過程での経験的な要素によって決定されると考えます。

❺**行動の機能的定義**：行動のプロセスは、操作的なもの、およびその効果を

含めて機能的に定義されます。

2）行動の原因

行動分析学では、行動に影響を与える原因として次の3つを考えています。
❶**遺伝的要因**：私たちの身体の構造や働きは、ある程度遺伝的に決められています。そして、私たちの行動は、遺伝的に決められた身体の構造や働きに制限されてしまいます。たとえば、人間はどんなにトレーニングを積んでも馬のように早く走ることはできませんし、道具を使わないで鳥のように空を飛ぶことは出来ません。
❷**過去の経験**：一卵性双生児は、遺伝的にほとんど同じ条件です。ある種の嗜好や行動特性が一致することはありますが、行動パターンは全く同じというわけではありません。生まれてから、現在までの環境との相互作用の歴史により、行動パターンは作られて行きます。
❸**現在の環境**：現在の行動を決定するものは、遺伝的要因と過去の経験に加えて、現在の環境です。

それに対して、行動分析学が研究対象としない行動の原因として、次の3つがあります。
❶**神経的要因**：身体運動を司っているのは神経系と筋肉の働きであり、思考や感情といったものは脳の働きではないかと言う人がいるかもしれません。でも、その神経系の働きに影響を与えているものは、究極的には外的な刺激、つまり環境要因なのです。たとえば、美しい風景を眺めて俳句を思い浮かべることを考えてみましょう。俳句を思い浮かべている間、脳が働いているのは確かです。脳に送られる刺激は、神経系を通って送られた電気信号とニューロン間の化学反応によるものです。しかし、神経系の刺激は、究極的に各感覚器官で受容された光、音、匂い、温度などの環境上の刺激なのです。行動分析家の仕事は、行動と環境との関係を見つけること、生理学者の仕事は、その関係が脳や神経系など体の中でどのように結び付けられているのかを調べることと区別できるかもしれません。

❷**精神的要因**：精神的な要因というのは、「こころ・意志・自己」などといった身体の内部にあると仮定されているものが行動の原因となるという考え方です。たとえば、日常よく耳にするのが、タバコを止めようとしてなかなか止められない人に対して、どうして止められないのか聞くと「僕は"意志"が弱いんだ」などと言います。しかし、"意志"というものは実態のない仮想されたものでしかありません。また心理学の専門家でさえ、同じような過ちをしてしまいます。たとえば、若者が定職につかないでいつまでもぶらぶらしていることに対して「"自己"が確立していないからでしょう」などとコメントしたりします。

　行動分析学では、こころの働きと呼ばれる意識や思考などといったものも行動と捉えますので、こころの働きと行動が別のものである（心身二元論）とは考えません。つまり行動の原因が、こころの働き（＝行動）というのは矛盾します。このように言うと、行動分析学が「こころ」や「精神」の働きといったものを否定しているように誤解されるかもしれませんが、決してそうではありません。また、精神分析などの心理療法に反対するわけでもありません。問題の捉え方、使っている様々な用語や概念が違うので、他の分野の知見を解釈する時には、お互いの用語に翻訳して解釈するように注意が必要だということです。行動分析学から「意識」や「思考」の研究をしようとするには、それがどのような行動なのか定義することから始めることになります。

❸**概念的要因**：日常よく見られる例として、学校で成績が優秀な子どもについて考えてみましょう。親が「あの子は、どうして成績が良いのでしょうか？」と聞くと、先生が「知能が高いからでしょう。」などと答えます。しかし、「知能が高い」は「成績が良いこと」に対して名付けられた言葉に過ぎないのに、ここでは成績が良いことの原因のように扱われています。このようにある状態を表す単なる言葉を行動の原因と考える誤りをしないように気をつけなければなりません。

3. 応用行動分析（Applied Behavior Analysis: ABA）とは？

1）行動分析学の分野

現在も行動分析学は発展を続けており、以下のような3つの分野に分かれていると考えられます。

❶ **実験的行動分析**（Experimental Behavior Analysis）：徹底的行動主義を哲学的土台として、行動と環境変数との関係を実験室で実験的に明らかにする分野です。実験的行動分析では、明らかにしようとする行動（従属変数）と行動に影響を与える環境変数（独立変数）とを正確に記述します。そして、厳密に統制された環境下で、独立変数を段階的に操作して個体の行動を観察し、記録を行います。そのことによって、行動に影響を与えている環境変数を明らかにします。

❷ **応用行動分析**（Applied Behavior Analysis）：徹底的行動主義を理論的土台として、社会的、臨床的に重要な問題の解決に役立つ行動の研究を行います。研究の方法は、実験的行動分析と共通で、行動（従属変数）と環境（独立変数）の因果関係を実験によって明らかにします。実験的行動分析や理論的行動分析の知見を応用して、学校教育、特別支援教育、カウンセリング、スポーツのコーチング、企業コンサルティング、医療や福祉、交通安全など広い領域で成果をあげています。

❸ **理論的行動分析**（Theoretical Behavior Analysis）：実験的行動分析や応用行動分析の成果から得られた知見を基に、意識や言語、文化、宗教、道徳といった問題を直接実験や実践を行わないで理論的に分析する分野です。

2）応用行動分析の特徴

応用行動分析は、行動分析学を人間の社会的な問題を解決するために応用する学問分野と言えます。応用行動分析の草創期からの代表的な研究者であるベアーとウォルフ、リズレイ（1968）は、応用行動分析の研究を評価する基準と

して、以下の7つを提起しました。

（1）**応用的**：対象者の生活を改善する上で重要な行動に関して、行動の法則を適用することによって解決を図っていきます。

（2）**行動的**：問題を解決するための目標として行動に焦点を当ててアプローチします。

（3）**分析的**：科学的な研究を通して行動と環境との関数関係を明らかにします。

（4）**技術的**：行動を改善するための手続きは、正確に定義します。

（5）**統一された概念の使用**：行動を改善するための手続きは、行動の法則に基づいて、記述します。

（6）**効果的**：改善する行動は、対象者にとって優先順位の高いものであり、行動を改善するための手続きは、効率的でコストが低いものとします。また、行動の改善は、生活の中でできるだけ広い範囲にわたり、長く効果が維持されるような手続きを使います。

（7）**一般的**：一部の特別な人々や狭い環境で適用される手続きでなく、できるだけ多くの人にいろんな場面で適用できる手続きを開発することを目指します。

練習問題1 行動分析学で考えられている行動に影響を与える3つの原因について取りあげ、それを説明してください。

練習問題2 行動分析学で行動の原因として排除するあるいは研究対処としない3つの事柄をあげ、それについて具体例を挙げて説明してください。

練習問題3 応用行動分析の7つの特徴について説明してください。

参考文献

実森正子・中島定彦（2000）学習の心理－行動のメカニズムを探る－．サイエ

ンス社.

ナイ, R.D.(著)河合伊六(訳)(1995) 臨床心理学の源流フロイト・スキナー・ロージャズ. 二瓶社, 63-127.

佐藤方哉(1976) 行動理論への招待. 大修館書店.

佐藤方哉(1987) 行動分析－徹底的行動主義とオペラント条件づけ－. 財団法人安田生命社会事業団(編)精神衛生専門講座. 臨床心理学の基礎知識, 財団法人安田生命社会事業団.

Skinner, B. F. (1938) The behavior of organisms: An experimental analysis. Appleton.

Skinner, B. F. (1953) Science and human behavior. Macmillan.

杉山尚子・島宗理・佐藤方哉・マロット, R.W.・ウェイリィ, D.L.・マロット, M.E.(1998) 行動分析学入門. 産業図書.

日本行動分析学会　　　http://www.j-aba.jp
国際行動分析学会　　　http://www.abainternational.org
Ｂ．Ｆ．スキナー財団　http://www.bfskinner.org

2章 行動の法則

1. 行動とは？

　徹底的行動主義の考え方では、行動は、外見的な身体の動きに限らず、言語行動や複雑な身体内の高次な精神活動（思考など）をも含めて分析の対象とします。つまり、行動とは、見る、話す、持つ、感じる、考えるなど人間や動物にできる全てのことと考えます。そこで、行動の逆説的な定義として、**人形テスト**（肥後，2022；杉山・島宗・佐藤・マロット・ウェイリィ・マロット，1995；島宗，2000）というものがあります。

人形テスト：行動とは人形にできないことすべて

　この定義は、我々の日常生活から考えると非常に奇妙で、一見可笑しな表現に思えます。しかし、この定義は「行動」とそうでない事柄を区別するのに非常に役立ちます。たとえば、「倒れる」は行動ではありません。中高生の頃、朝の全校集会で何人もの生徒が貧血で倒れるのを目撃した人がいるでしょう。もちろん、「倒れる」は、日常生活でも起こる現象です。しかし、誰かが人形を持ち上げて立たせ、手を離したらどうなるかということを考えてみてください。そう、倒れます。つまり、「倒れる」は行動ではありません。行動分析学で扱う「行動」という用語と、日常生活で使っている「行動」という言葉とは違います。

　「行動」とそうでない事柄を区別するのはなぜ大切かというと、これから述べる「行動の法則」は、「行動」でない事柄には当てはまらないからです。この問題の例として、授業中におしゃべりをする生徒の行動を改善したい時に、目標を「黙っていること」とするというのがあります。「黙っていること」は人形でもできるので行動ではありませんから、分析もできませんし働きかけもできません。

練習問題1　以下の例は行動でしょうか？
　a）ボールを投げる

b) 静かにしている
c) ゴミを拾う
d) 横になっている
e) 試験問題について解法を考える
f) 屋根から落ちる
g) テレビの面白い場面を思い出す
h) 手を洗わない
i) グラウンドを走る
j) 背中をかいてもらう

横になっている

2. 行動を分析するための基本的枠組み

　行動とは何かということを理解した後に、行動に影響を与えている環境条件を分析するための基本単位を明らかにしてそれを定義することにします。それではまず、日常の例から考えてみましょう。

おしゃべり

　授業が始まる前に、隣の席にいる友だちとおしゃべりをする場合の「おしゃべりをする」行動について考えてみましょう。「おしゃべりをする」行動が起こるきっかけになっているのは、隣の席に友だちがいることが影響しています。誰もいなかったら、「おしゃべりする」ことはないでしょう。このように、行動が起こるきっかけとなる出来事や条件、刺激のことを**先行事象**と言います。

> **先行事象**：行動のきっかけとなる出来事や条件、刺激

さらに、「おしゃべりをする」行動の後には、どんなことが起こるでしょうか。おそらく、隣の友だちは、相槌を打ったり、笑ったり、もっと質問したり、さらに別の話を聞かせてくれるだろうと思います。もし、「おしゃべり」をしても、相手の反応が返って来なかったら、「おしゃべり」は続かないでしょう。このように、友だちの相槌や笑い、質問、別のお話は、行動の直後に起きた行動に影響を与えている環境の変化で、**結果事象**と言います。

> **結果事象**：行動の直後に起こった環境の変化

そして、行動のきっかけとなった「先行条件」、「行動」、行動の直後に起こった行動に影響を与える「結果事象」の関係を**行動随伴性**と言います。直後の結果とは、おおよそ60秒以内と言われています。実験によると、それ以上時間が経過すると行動への影響が非常に少なくなるからです。しかし、言語行動を十分に学習した大人であれば60秒以上経過した結果であっても行動に影響を与えることがあります。

> **行動随伴性**：行動とその行動の先行事象と結果事象との関係

行動随伴性を分析することを先行事象、行動、結果事象の英語、Antecedent、Behavior、Consequence の頭文字をとって **ABC 分析**と言います。

> **ABC 分析**：行動随伴性を分析すること

行動随伴性は、次のように図にして表すと分かりやすくなります。先ほどの「おしゃべりをする」行動の例を行動随伴性で図示してみます。

例1 授業の始まる前、隣の席の友達とおしゃべりをして、何か面白いことを聞いた

ABC分析の各マスを記入する際の指針

先行事象	行動	結果事象
・行動を起こす直前の合図やきっかけとなる出来事や条件、刺激ですか？	・分析対象となる人の行動ですか？ ・人形テストを合格しますか？ ・「〜しない」「受け身」「状態」で表現されていませんか？ ・具体的で明確な行動ですか？	・行動の直後60秒以内に起こったり、受け取ったりする出来事、条件、刺激ですか？ ・行動によってもたらされる環境の変化ですか？ ・この結果により、将来の対象者の行動が増えたり減ったりしますか？

間違った行動随伴性の例

　正しい行動随伴性をあらわしているかどうかを判断するには、まず行動が正しいかどうかをみて、次に行動を中心にして先行事象や結果の関係が正しいかどうかをみます。「起きる」は行動なので正しいです。次に先行事象をみてみましょう。日の光がさすことでいつも起きているのなら「太陽が昇る」は先行事象として正しいですが、通常はもっと他の手がかりがある筈です（たとえ

ば、「目覚し時計が鳴る」、「お母さんが『起きなさい！』と呼ぶ」など）。最後に結果事象をみてみましょう。「顔を洗う」は、「起きる」ことによって生じた環境の変化ではありません。これらの記述は、ある朝の出来事を時間的順序に沿って並べただけで、行動随伴性ではありません。

練習問題2 次の例にある行動（網掛け部分）をＡ：先行事象、Ｂ：行動、Ｃ：結果事象に分けて行動随伴性に記入してみましょう。

各マスを記入する手順
❶分析対象となる人の行動を真ん中の「行動」のマスに記入する
❷その行動を起こす直接のきっかけになった出来事や条件、刺激が何かを考え「先行事象」のマスに記入する
❸最後にその行動によって生じた環境上の変化を「結果事象」のマスに記入する

ａ）授業が始まってからも隣の席の友達と おしゃべり をしていたら先生に怒られた。

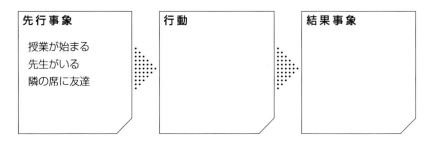

ｂ）先生が授業中、研究室に忘れ物を取りに教室を出て行った。すると、静かになっていた教室で再び おしゃべり が始まった。

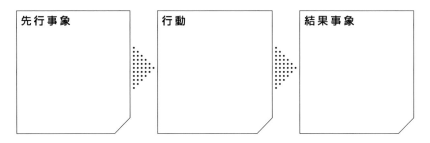

c）お昼になってお腹が空いたので、アビーレストランに 食事に行く と、店員は丁寧でにこやかに対応してくれ、しかも食事はおいしかった。

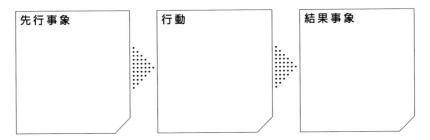

d）昼休みに空腹になったので珍来軒に 食事に行った が、店内は汚く、店員は無愛想で、食事もおいしくなかった。

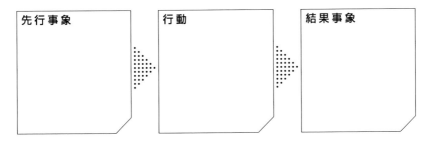

e）歯が痛いので、 小林歯科に行って 治療してもらったら、すぐに歯痛が治った。

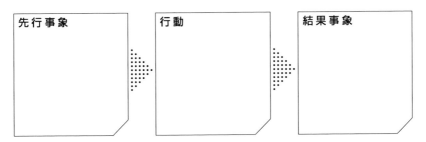

f）約束の時間に遅刻しそうになったので、 アクセルを踏んで時速80キロで車を飛ばす と警察に捕まって、罰金5万円を支払うことになった。

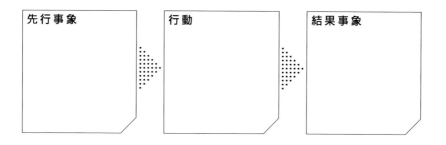

3. 行動の基本法則

　「行動」は、その行動のきっかけとなる「先行事象」や、行動の直後に起こった環境の変化である「結果事象」に影響を受けることが分かります。では、「先行事象」と「行動」と「結果事象」の間に何か法則性はあるのでしょうか。これまでの実験的行動分析の研究によって、幾つかの行動の基本法則が明らかになっています。

　練習問題から幾つか例を取り上げて、この行動の基本法則（島宗，2000；杉山・島宗・佐藤・マロット・ウェイリィ・マロット，1998）について説明します。

> **強化の原理**：行動することで結果事象として、何かが起こったり、何かがなくなったりすることで、その行動がその後、強まったり、繰り返されるようになることを指します。この場合に、結果事象として生じた事柄を強化子、なくなった事柄を弱化子と言います。

例1 お昼になってお腹が空いたので、アビーレストランに食事に行くと、店員は丁寧でにこやかに対応してくれ、しかも食事はおいしかった。

「アビーレストランに行く」という行動の結果、「店員の対応が良く、食事もおいしい」という強化子が生じました。つまり、「アビーレストランに行く」という行動は強化の原理によって、将来繰り返されます。行動随伴性の結果事象の欄に書いた矢印（↑）は強化の効果を持つことを表します。

注意：注文してから食事が出るのに60秒以上かかると「ABC分析の各マスを記入する際の指針」ひっかかってしまいます。実は私たち言語行動を十分に学習した大人であれば60秒ルールが破られた場合でも行動が結果事象によって増えたり、減ったりすることがあります。

例2　歯が痛いので、小林歯科に行ったら、すぐに歯が痛いのが治った。

「小林歯科に行く」という行動の結果事象として、「歯痛」という弱化子がなくなったわけです。つまり、歯が痛くなったとき「小林歯科に行く」という行動は、強化の原理によって将来繰り返されます。

> **弱化の原理**：行動することで、何かが起こったり、何かがなくなったりすることで、その行動が弱まったり、少なくなったりする。結果事象として、起こった事柄を弱化子、なくなった事柄を強化子と言います。

例3 昼休みに空腹になり珍来軒に食事に行くと、店内は汚く、店員は無愛想で、食事もおいしくなかった。

「珍来軒に行く」という行動の結果、「無愛想な店員」「おいしくない食事」という弱化子が生じました。つまり、「珍来軒に行く」という行動は、弱化の原理により将来繰り返されなくなります。行動随伴性の結果事象の欄に書いた矢印（↓）は弱化の効果を持つことを表します。

例4 約束の時間に遅刻しそうになったので、アクセルを踏んで時速80キロで車を飛ばすと警察に捕まって、罰金５万円を払った。

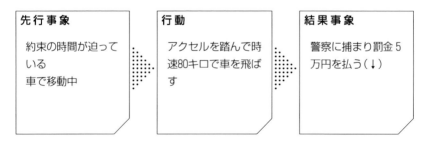

「アクセルを踏んで時速80キロで車を飛ばす」という行動の結果、「お金」という強化子を失った。つまり、「アクセルを踏んで時速80キロで車を飛ばす」とい

う行動は、弱化の原理により将来繰り返されなくなります。

> **復帰の原理**：元々生じていた行動ですが、弱化されて起らなくなったとします。その行動が弱化されなくなると再び起こりやすくなります。

例5 先生が授業中、研究室に忘れ物を取りに教室を出て行った。すると、静かになっていた教室で再びおしゃべりが始まった。

授業中でも先生がいなくなると「おしゃべりをする」という行動をしても、「怒られる」という弱化子が生じません。つまり、「おしゃべりをする」という行動は、復帰の原理によって起こるようになります。

> **消去の原理**：元々生じていなかった行動ですが、強化されて起るようになったとします。その行動が強化されなくなると、元通りに起こりにくくなります。

例6 家族でテレビを観ていると、お父さんが親父ギャクを言ったが、みんな無視してテレビを観ているとお父さんは何も言わなくなった。

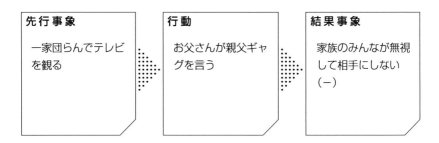

お父さんが「親父ギャグを言う」という行動をしても、家族の人に無視されてしまい、「笑う」とか「相手にする」などの強化子が生じません。つまり、お父さんの「親父ギャグを言う」という行動は、消去の原理によって起らなくなります。行動随伴性の結果の欄に書いた記号（ー）は、行動に何の効果も持たないことを表わしています。

> **弁別の原理**：行動は、強化の先行事象によって引き起こされ、弱化の先行事象によって抑えられるようになります。

再び例1）のアビーレストランに登場してもらいましょう。アビーレストランでは、ランチタイムに安くて美味しいアビーランチを出していました。しかし、あまりの人気に13：00を過ぎると売り切れて食べられないことが多いのです。

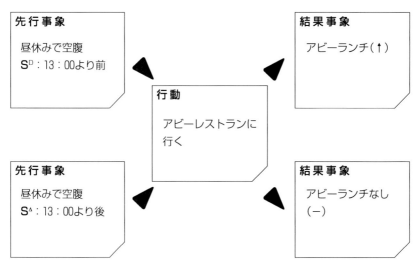

　13：00よりも前に「アビーレストランに行く」という行動は、アビーランチによって強化されます。一方、13：00よりも後に「アビーレストランに行く」という行動は、アビーランチが売り切れることによって消去されます。そこで、お昼休みにお腹が空いた時にアビーレストランに行くとしたら、13：00よりも前の時間を選ぶはずです。「13：00より前」のように、行動を強化する（あるいは弱化する）ようになった先行事象の中の刺激や状況を**弁別刺激：エスディー（S^D）**と呼びます。「13：00より後」のように消去（あるいは復帰）の先行事象の中の刺激や状況を**エスデルタ（S^Δ）**と呼びます。

弁別刺激：エスディー(S^D)：その刺激があるときに、ある特定の行動が強化されたり弱化されたりするような刺激

エスデルタ(S^Δ)：その刺激があるときに、ある特定の行動が強化も弱化もされないような刺激

　また、練習問題2のa）において、「先生がいる」という先行事象の下で、

第2章　行動の法則

「友だちとおしゃべりをする」という行動は、弱化されています。だから「先生がいる」という先行事象（弱化のS^D）は、「友だちとおしゃべりをする」行動を抑えるようになります。一方、例5）で見るように「先生がいない」という先行事象の下では、「友だちとおしゃべりをする」という行動は、弱化されません。だから「先生がいない」という先行事象（弱化のS^A）は、復帰の原理により「友だちとおしゃべりをする」行動を引き起こします。

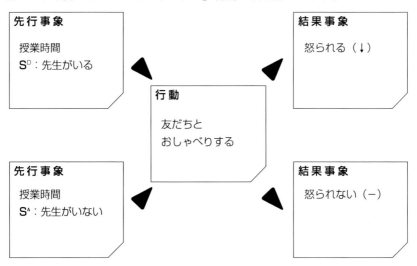

強化スケジュール

　行動は、先行事象と結果事象に影響を受けることを述べましたが、強化を受けてきた経験や強化のされ方によっても影響を受けます。強化のパターンを強化スケジュールと呼びます。行動の度に毎回強化を受ける「**連続強化スケジュール**」と何回か行動して強化を受ける「**部分強化スケジュール**」があります。そして部分強化スケジュールにも行動の頻度に応じた強化スケジュールと時間間隔に応じた強化スケジュールなどいくつか種類があります。部分強化スケジュールによって形成された行動は、強化がなくなっても（消去）、長く維持されることが知られています。

	部分強化スケジュールの種類	日常の具体例
行動の頻度	**固定比率スケジュール**：ある一定回数行動した後に、はじめて強化される	• 出来高払いの給料：仕事量に応じて給料が決まっている。
	変動比率スケジュール：強化を受けるまでの行動回数が毎回変化する	• ギャンブル：パチンコなどどのくらい行動すれば大当たりが来るかが予測できない。 • 懸賞はがき：はがきを出して応募してもいつ当たるかわからない。 • 遺跡の発掘：
時間間隔	**固定時隔スケジュール**：ある一定時間経過した後、はじめて行動が生起した時に強化を受ける	• 退屈な仕事で毎回決まった時間にある休憩 • 定期的に監査を受ける側が、通過するために行う様々な行動
	変動時隔スケジュール：強化を受けるまでの時間間隔が毎回変動する	• 待っている通知を確認するために郵便受けに見に行く行動

練習問題3 次の図は正しい行動随伴性をあらわしたものでしょうか？理由も述べてください。

❶

❷

❸

❹

練習問題4 イソップ物語の中に「北風と太陽」という寓話があります。北風と太陽が、旅人の上着を脱がせることを競いあったという話です。この話は、国際政治の政策の喩えとして、北風＝強弁策、太陽＝融和策というように政治番組の中で使われることが多いものです。行動論の中でも、北風＝弱化子の除去による強化（負の強化）、太陽＝強化子の提示による強化（正の強化）という喩えとし

て用いられることがあります。しかし、本当にそうかどうか行動随伴性を描いて分析してみましょう。

参考文献

肥後祥治（2022）行動分析を「テコ」とした地域における持続可能な保護者支援体制づくり．日本行動分析学会第40回年次大会発表論文集，5p.

メイザー，J.（著）磯博行・坂上貴之・川合伸幸訳（1999）メイザーの学習と行動．二瓶社．

レイノルズ，G.S.（著）浅野俊夫（訳）（1978）オペラント心理学入門－行動分析への道－．サイエンス社．

島宗理（2000）パフォーマンス・マネジメント－問題解決のための行動分析学．米田出版．

杉山尚子・島宗理・佐藤方哉・マロット，R.W.・ウェイリィ，D.L.・マロット，M.E.（1998）行動分析学入門．産業図書．

3章 行動のアセスメント

行動のアセスメントというのは、行動上の問題の改善に必要な情報を得る一連のプロセスのことを指します。行動を観察・記録し、行動随伴性を明らかにして、改善方法を考えるための手がかりを得ることです。行動のアセスメントは、以下のプロセスからなっています。

行動のアセスメントのプロセス	
❶行動目標の選定	問題は何かを明らかにし、問題を改善するための行動を明確に定義します。
❷行動の観察と記録	現状での行動の頻度や実行状況、機能を観察測定します。
❸達成基準の選定	現状の記録から、何をどの程度改善できたら良いのかを決定します。
❹行動随伴性の理論的分析	行動随伴性を明確にして、困った行動の形成過程や維持要因、あるいは良い行動の生起を邪魔している要因を明らかにします。

1. 行動目標の選定

1) 行動に照準を合わせる

　問題を解決するためには、まず問題を引き起こしている行動は何か？　問題を改善するために必要な行動は何か？　を明らかにしなければなりません。行動が明確に定義されれば、行動を観察して、行動随伴性を明らかにし、行動の法則を応用することによって問題を改善することが可能です。

　たとえば、肥満が問題になっているとしたら、問題を引き起こしている行動の1つは「カロリーの高いものを多く食べる」「運動をする機会が少ない」であり、問題を改善するために必要な行動は「適量を食べる」「カロリーの低い食物を食べる」「適度な運動をする」などがあげられるでしょう。部屋が汚いことが問題となっている場合では、改善するために必要な行動として「持ち物を整理する」「衣服や本を片付ける」「部屋に掃除機をかける」などがあげられ

るでしょう。交通事故の問題も、問題を引き起こしている行動は「スピードを出して運転する」や「お酒を飲んで運転する」であったり、問題を改善するための行動は「シートベルトをしめる」「車間距離を守って運転する」「お酒を飲まないで運転する」などであったりです。他にも様々な行動が考えられると思います。このように、人間によって引き起こされる社会問題も個人の問題も、全て行動のレベルに還元することができるはずです。

問題となっている状態と問題を起こす行動を区別する

問題となっている状態	問題を起こす行動
肥満	・運動する機会が少ない ・カロリーの高いものを多く食べる
テストの成績が悪い	・授業の出席が少ない ・勉強する機会が少ない ・間違った方法で勉強する
交通事故	・スピードの出しすぎ ・携帯電話をしながら運転 ・脇見運転 ・飲酒運転

1968年、行動分析家のベアー、ウォルフ、リズレイは、社会的に重要な行動を目標としなければならないと主張し、以下のような行動目標を選択する上での基準を提案しました。

行動目標を選定する基準

❶客観的で測定可能な表現で目標を記述する。
❷その行動目標は、本人や周りの人に利することである。
❸その行動目標は、実現可能性が高い。
❹行動目標は、不適切な行動を抑制するよりも、なるべく適切な行動を発展させるものであることが望ましい。
❺目標を達成するためのプログラムは、対象者の基本的人権を犯すものであってはならない。

実現可能性についてですが、欲張って複数の行動目標を立てても、達成するのは難しくなります。以上のような基準を考慮しながら、最小の努力で最大の効果があがりそうな行動目標を選ぶことが大切です。たとえば、上記の「運動する機会が少ない」といった行動の場合も、「家で腹筋や腕立てなどの運動を

する」「フィットネスクラブでエアロビクスをする」「プールで泳ぐ」「通学途中でバスを使わずに歩く距離を長くする」などさまざまな方法があります。学生でお金がなければフィットネスクラブに行けないかもしれませんし、家では運動が続かないといったこともあるでしょう。一番有効で効果的な目標選びが大切です。

2) 行動目標の書き方

改善したい、身につけて欲しい行動について目標を考える時には、具体的に記述することが大切です。そのため、アルバートとトルートマン（1986）は、以下の内容を網羅するように提案しました。

行動目標に網羅されるべき事項
❶対象者 ❷標的行動 ❸行動が実施される場面や状況 ❹行動の達成基準

（1）対象者を明らかにする：

これは、誰の行動を分析し改善したいのかを明らかにすることです。つまり、行動随伴性の「B：行動」は誰の行動か？ということです。

例 私自身、友達のAさん、お父さん、B施設のCさん

（2）標的行動を明らかにする：

標的とする行動の記述が抽象的であいまいだと、何をどのように改善すればいいのか、改善したのかどうかもはっきりしません。そこで、標的行動を客観的で具体的に定義したかどうかを判断するために、モリス（1976）の基準が役立つでしょう。

客観的な標的行動かどうかのモリスの基準

❶ その行動を測定できる：その行動の回数を数えることができる。あるいはその行動の持続時間を測ることが出来る。
❷ 第三者にもその行動が測定できる。
❸ その行動は、それ以上細かい行動単位に分解できない。

あいまいな標的行動の例	具体的な標的行動の例
忍耐力を身につける	・授業中、私語をしないで先生の話を聞く ・90分間、椅子を離れないで講義を聴く
整理整頓を心がける	・起床時、布団を押入れにしまう ・床に散乱している洗濯物をタンスにしまう ・机の上の書類や本を本棚に片付ける
早めに行動する	・授業の5分前に席に着く
早起きする	・朝6時に起きる
パートナーに愛情を注ぐ 行動の例については、グレイ (1993) 参照	・誕生日や記念日に必ずプレゼントする ・レストランに入る時先にドアを開ける ・帰宅するときに必ず電話を入れる ・髪型を変えたときにほめる

(3) 行動が実施される場面や状況を明らかにする

　これは、行動がどういう場面や状況で、行動が実施されれば良いのかを明らかにすることです。つまり、いつ、どこで、どのような「A．先行事象」のもとで目標とする行動が起こるのかを明らかにします。

　あるいは、全ての場面で行動を実行したり、記録したりすることが難しい場合は、場面を限定します。たとえば、「授業中、私語をしないで先生の話を聞く」といった行動目標に対して「行動科学」と「発達心理学」の授業に限定するなどです。

(4) 行動の達成基準を明らかにする：

　これは、どの程度までできたら、行動目標が達成できたとするのか基準を決めることです。つまり、行動の「正確さ」、「回数」、「続く時間」、「行動が起こるまでの時間」などの基準を決めます。

標的行動の例	その達成基準の例
運動をする	毎日、腹筋を30回する 週に2回スポーツジムで30分間運動する 毎日ジョギングを20分する
読書する	毎日寝る前に5ページ本を読む 毎月、1冊本を読む

行動目標の書き方の具体例

例1

対 象 者：自分自身
標的行動：1日1時間クロールの練習をする
行動が実施される場面や状況：放課後、スイミングスクールにおいて
達成基準：1ヵ月後クロールで25m泳げるようになる

例2

対 象 者：父親
標的行動：脱いだ服を洗濯かごに入れる
行動が実施される場面や状況：会社から帰宅後、風呂に入る時
達成基準：週3回は脱いだ服を洗濯かごに入れるようにする

2. 行動の観察と記録

　私たちは、普段、見た目の印象に頼って行動を判断することが多いと思います。「ようすけ君は、最近随分やる気が出てきたな。」とか「よう子さんのプレーは積極性がなくなってきた。」などです。しかし、これでは、いつ頃からどの位行動が変化したのかを知ることができません。行動を正確に観察・測定することで、その人の行動を改善する最適方法を見出すことが出来ますし、

行動の観察と測定によって、その人に提供しているプログラムや支援方法の効果を正確に知ることができます。観察し記録することにはいくつかメリットがあります。1つは①原因を探ることです。学習が進まない、問題となる行動が起こるのはなぜかといった原因を探るにはデータが必要です。2つ目は②進歩を把握するためです。やっていることがうまくいっているかどうかは、データを見ればすぐにわかります。特に視覚的に把握するには4章で紹介するようにグラフ化することです。3つ目は③私たちにとっての強化子となるということです。グラフを見て行動の変化がうまくいっていればうれしくなりますし、そうでなければ、がんばろうと思うでしょう。

1）行動の頻度や割合の観察と記録

（1）行動の生起数を測定する

行動の始まりと終わりが明確であり、行動の生起頻度が数えられないほど頻繁でない場合、この記録法が適しています。

例 腹筋をする、脱いだ服を洗濯かごに入れる、一週間で居間に掃除機をかけた回数、一週間にスポーツジムに行った回数

記録例 父親が風呂に入る前に腕立てふせをした回数

日付	5／15	16	17	18	19	20	21
腕立ての回数	13	0	0	0	25	30	0

（2）インターバル記録法

行動の始めと終わりが明確でない短時間で数多く生じる行動や持続時間が長い行動は、1つ1つの行動を数えることが難しいので、「インターバル記録法」を用います。

例 授業中の私語の割合、貧乏ゆすりや障害児の手をひらひらさせる常同行動など

記録例 授業中、貧乏ゆすりをしている割合に関するインターバル記録法

分＼秒	0〜14	15〜30	31〜45	46〜59
0	×	×	×	×
1	×			×
2	×	×		
3		×	×	
4	×			
5			×	×
6	×		×	
7	×			
8				
9			×	×

　この記録例では、15秒間隔で、10分間記録するようになっています。チェックする時間間隔は行動の性質や観察のしやすさなどを考慮して決めます（数秒から数十分くらいまで）。全体の観察時間（数十分から日単位くらいまで）も任意に決めます。時間間隔の合図は、時計やストップウォッチを参照しながら行う場合もありますが、参照している間に行動の生起を見逃してしまう可能性があります。より厳密に測定する場合、時間間隔の合図を録音しておいてそれを聞きながら記録する方法もあります。行動が生起していた割合は、×の数を全体のマス目の数で割った値に100をかけて計算します。21÷40×100で約53％の割合ということになります。

　インターバル記録法は3種類あります。

❶全体時間間隔記録法：ある15秒の間隔の間、ずっと席を立っていたら×印を入れます。持続時間の長い行動を観察する時に適しているでしょう。

❷部分時間間隔記録法：ある15秒の間隔の中で、一瞬でも席を立ったら×印を入れます。短時間の間に頻度が高い行動を観察するときはこちらが適しているでしょう。

❸タイムサンプリング法：時間間隔の終わりに対象者を観察して、その時点で席を立っていれば×印を入れます。行動の始めと終わりが明確でない姿

勢や状態など長く続く行動に適しています。

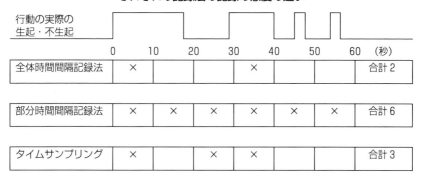

それぞれの記録法の記録の感度の違い

全体時間間隔記録法	×			×			合計 2
部分時間間隔記録法	×	×	×	×	×	×	合計 6
タイムサンプリング	×		×	×			合計 3

記録例 複数の行動（大声、叩く、自傷）のインターバル記録

分＼秒	0～14	15～30	31～45	46～59
0	(声)、叩、傷	(声)、叩、傷	(声)、叩、(傷)	(声)、叩、(傷)
1	声、叩、(傷)	声、叩、(傷)	声、叩、傷	声、叩、傷
2	声、叩、傷	声、叩、傷	声、(叩)、傷	声、(叩)、傷

時間間隔の枠の中に各行動がコード化されており、行動が生起すればそれに○をつける。

（3）行動の持続時間

例 一日にタイプの練習をした時間、一日に授業の復習をした時間

記録例 一日にタイプの練習をした時間

日付	5／15	16	17	18	19	20	21
練習時間	30分	60分	0分	15分	45分	20分	0分

（4）行動が生起したことを示す記録や証拠

　直接、行動の生起を観察して記録するわけではありませんが、行動が生じたことを示す証拠を調べることで、行動の生起が分かります。

例　一日吸ったタバコの本数、漢字の練習についてノートに書かれた漢字の数、ラジオ体操の出席率についてカードに押されたハンコの数、洗濯籠に服を脱いだかどうかに関して洗濯籠に入っている服

記録例　一日にタバコを吸った本数

日付	5／16	17	18	19	20	21	22
箱数	20本	22本	31本	14本	26本	33本	11本

（5）エピソード記録

　全ての生活場面に観察者が入り込んで、直接観察し記録することは、非常に困難です。観察者がいないような他の場面（家庭や学校、地域）においては、親や他の人々によるエピソード記録が役に立ちます。行動が生じる前の状況、行動が起こった様子、行動が起った後にどんなことが起り、どんな対応をしたのかといった事柄を文章で記録してもらいます。家庭と学校の連絡帳、施設でつけられる職員による利用者の日誌記録などを読むことで、行動の生起だけでなく、行動随伴性や行動の原因について大まかな情報を得ることができます。目的や用途に応じて、記録フォームを作成し記録してもらうことで、より精度の高い記録を得ることができます。

2）行動の実行状況の観察と記録

課題分析

　その人の行動レパートリーにない複数の行動単位によって成り立っている一連の活動や動作をアセスメントする時は、活動や動作を一つ一つの行動単位に分解して、時系列にそって記述した表を作ります。たとえば、料理を作る、ダンスをする、工場での作業などは、幾つかの行動単位によって成り立っている

活動です。そして、それぞれの行動の達成状況をあらかじめ作っておいた評価基準にそって観察し、記録します。このプロセスを**課題分析**と言っています。次に、「手を洗う」という単純な動作について課題分析してみましょう。

「手を洗う」という動作を一つとっても、幾つかの行動単位によって成り立っていることが分かります。

段階	行動単位
❶	トイレを出て水道に近づく
❷	蛇口をひねって手を濡らす
❸	石鹸をつけて手をこする
❹	手をすすぐ
❺	蛇口を閉める
❻	タオルで手を拭く

障害児や高齢者などの介助などで実際の動作を教える前に、評価基準を作ってから、実際の観察と記録を行うようにします。評価基準は、援助の仕方（プロンプト）の段階を作り、それによって評価することが多いようです。プロンプトの段階には、以下のようなものがあります。

プロンプトなし：何も援助をしなくても自分ひとりでできる場合です。
言葉かけ：「水出して」とか「水止めて」などのように、言葉かけによって動作を促す援助のことです。
身振り：蛇口をひねるとき水道を指さしたり、タオルで拭くときにタオルを指さしたりして動作を促す援助のことです。
見本提示：手をこするのを教えるときに、実際に動作を行って見本を見せることで、相手の動作を促す援助のことです。模倣が上手にできる子どもに有効です。
身体介助：モデル提示でも手をこすることができないといった場合、子どもの手をとって一緒に行わせることで、動作を促す援助のことです。

次に「手洗い」の課題分析アセスメント表の例を表します。

	日付						
行動単位	6/10	6/11	6/12	6/13	6/14	6/15	6/16
トイレを出て水道に近づく	＋	＋	＋	＋	＋	＋	＋
蛇口をひねって手を濡らす	V	V	V	V	V	V	V
石鹸をつけて手をこする	PG	PG	PG	PG	PG	PG	PG
手をすすぐ	V	V	V	V	V	V	V
蛇口を閉める	G	G	G	G	G	G	G
タオルで手を拭く	MV	MV	MV	MV	MV	MV	MV

評価コード：＋：プロンプトなし、V：言葉かけ、G：ジェスチャー、M：モデル提示、P：身体介助

3）行動の随伴性の観察・記録

　行動随伴性を明らかにする方法の一つに、自然な場面で、ある行動がどういう状況で生じ、その結果何が起っているのかを観察して記録するというものがあります。それが、ABC記録です。ABC記録では、行動を観察し、先行事象（行動が起きるのに影響を与えた状況やきっかけ）、行動、結果事象（行動が生じたことによってどのような結果が生じたか）に分けて分析・記録して行きます。

ABC記録
　A君のかんしゃくに関する行動の生起数とABC記録を組み合わせた記録フォームの例

日付 2月	回数	A：先行事象 行動を起こす前の状況	B：行動 本人の行動	C：結果事象 周りの対応や事物の変化
10	0	なし	なし	なし
11	1	バドミントンをしようと言ったので母親が羽を打つがA君は跳ね返せない	ラケットを投げて泣く	バドミントンを中止して、家に戻り、しばらくしたら泣き止む
12	2	買い物が終わって、勝手にお菓子を買い物かごに入れていたので戻される	「お菓子欲しい」と言って泣き喚く	母親がお菓子をかごに戻すと泣き止む
		お菓子を車で食べようとしたので、「家で」と言われる		母親が一つだけあげると泣き止む
13	0	なし	なし	なし
14	3	棚の上のお菓子を取ろうとするが取れない	床に転がって泣き喚く	母親に「昼ご飯の後で」と言われるが、好きなアニメが始まり泣き止む
		好きな玩具を兄が使っている		母親が兄から譲ってもらい、A君に渡す
		兄弟におやつを渡すが、お兄ちゃんの方が多いと言う		母親が、お兄ちゃんのと交換する
15	1	お気に入りのミニカーのタイヤが外れる	床に転がって泣く	母親が直してあげると泣き止む
16	2	兄とブロックを積み重ねて遊ぶがすぐに崩れる	床に転がって泣く	兄は外に遊びに行ってしまい、しばらくして泣き止む
		電動の犬の電池が切れる		母親が電池を交換し泣き止む
17	2	母親とボール遊びをしていたら、転げる	地面に転がり泣く	家に帰り、傷の手当てをしてもらう
		地面に落ちていたチョコを拾おうとするが、母親に止められる		家に戻り母親からチョコをもらう

　これまで紹介した記録用紙は、例にすぎません。実際に記録用紙を作るときは、まず試作として記録用紙を作り、実際に記録してみます。記入がしやすいかどうか、記録が読み取りやすいかどうかなどを評価して、使いやすい

ように改良する作業が必要です。施設などの臨床現場で記録する場合は、忙しい業務の合間に実施しなければなりませんから、手間のかからない記録用紙や方法を工夫しましょう。

練習問題1 行動目標に網羅すべき4つの事柄は何でしょうか。また客観的な目標かどうかを判断する基準は何ですか。

練習問題2 バスケットボール部のけんいちさんは、「クラブで一生懸命がんばる」という行動目標を立てました。これは客観的な目標でしょうか？もしそうでなければ、どういう目標を作ればよいですか？（内容は適当に考えてください）

練習問題3 知的障害の子どもにカップラーメンの作り方を教える行動目標を作りました。どのような記録用紙を作ればよいでしょうか？（ヒント：複数の行動単位からなる活動や動作をアセスメントする方法）

参考文献

アルバート，P. A.・トルートマン，A. C.（著）佐久間徹・谷晋二監訳（1992）はじめての応用行動分析．二瓶社．

グレイ，J.（著）大島渚訳（1993）ベスト・パートナーになるために．三笠書房．

Bailey, J. S. & Burch, M. R. (2002) Research methods in applied behavior analysis. Sage.

Bear, D. M., Wolf, M. M., and Risley, T. R. (1968) Current dimensions of applied behavior analysis. *Journal of Applied Behavior Analysis, 1*, 91–97.

島宗理ほか（2002）行動分析学にもとづいた臨床サービスの専門性：行動分析士認定協会による資格認定と職能分析．行動分析学研究，17, 2, 174–208.

4章 シングルケーススタディ
介入効果の評価

福祉や特別支援教育の分野でも最近、個別支援計画や個別教育計画が立てられるようになり、支援の評価が求められています。支援を評価することは、どうして大切なのでしょうか？たとえば、病院での医療行為について考えてみましょう。病院では、疾患や病気に応じてさまざまな治療が行われています。もし、あなたがある病気にかかって、主治医から「この薬は臨床試験で効くがどうか確かめられていませんが使ってみましょう」とか「効果のほどは定かではありませんがこの手術を試してみます」と言われたらどうしますか？
　医療においてこれらは、明らかに犯罪行為であり、倫理的にも道義にも反する行為です。しかし、効果や有効性が証明されないままに実施されていることが、福祉や教育の現場での支援のみならず国の政策などにも見られるのが現状ではないでしょうか。
　ここで話を支援の評価に戻しましょう。生物学、生理学、医学、薬学、教育、心理学の分野で介入法や治療法の効果を測定する方法としては、主に**グループ比較研究法**というものが用いられています。数学者で遺伝研究や農学に応用したフィッシャーがこの方法の発展に大きく貢献しました。グループ比較研究法で最も単純な方法では、個人差にばらつきの少ないなるべく等質の対象者を数十人集めて、介入を行う集団（**介入群**）と介入を行わない集団（**対照群**）に分けます。介入を行う前後に、効果の測定を行ってその測定値について統計処理を行います。介入群と対照群の間で、**有意差**（一般的には５％の危険率以下という基準が用いられる）が出れば、その介入法に効果があると判断されます。
　しかし、一人一人の対象者を相手にする実際の福祉や心理の臨床現場で、このグループ比較研究法を用いることは、幾つか難しい面があります。まず、支援を必要とする人たちは個性的で、等質の対象者をたくさん集めることが難しいですし、集団の平均という統計操作の中で一人一人の違いや変化が見えなくなってしまいます。さらに、介入を行わないグループ（対照群）を設けるというのは、倫理的も問題がありそうです。
　それに対して、応用行動分析では、一人一人の対象者に焦点を当て、介入の効果を測定できる「**シングルケーススタディ**」という方法を発展させてきました。この方法では、介入の効果を測定するための対照群を用いず、対象者が介

入を受けない時期と介入を受ける時期を経験し、その前後の行動の変化を測定し数値化したものを比べます。介入や指導のことを**独立変数**、それに伴う行動変化のことを**従属変数**と言います。難しい統計処理なども必要とせず（本書では触れないがC検定などシングルケースに適した統計処理法もある）、グラフ化することで視覚的に誰でも簡単に介入や指導の効果を確認できます。これは、臨床現場に非常に適した効果測定法と言えるでしょう。

シングルケーススタディ

　シングルケーススタディにも様々な種類がありますが、臨床現場で役立つものとして、ここでは最も基本的で単純な **AB** デザインとその発展型である **ABC** デザイン、独立変数と従属変数の因果関係を調べる **ABA** デザイン、**多層ベースラインデザイン**を紹介するのに留めます。さらに詳しく学びたい方は、巻末の参考図書を参照してください。

1. ベースラインの測定

　シングルケーススタディでは、最初にベースライン・データの収集と記録を行います。ベースライン・データとは、介入や指導を行う前の行動の状態を測定したものです。ベースラインを測定することで、現在の対象者の行動レベルがどの程度なのかを知ることができます。また、介入や指導を行った後の行動レベルとベースラインのレベルを比べることで、介入や指導の効果を確かめることができます。

　この介入や指導の効果を確かめる上で、ベースライン・データは安定している、つまり変動が少ないことが望ましいのですが、実際に行動を測定してグラフに描いてみるとノコギリのように小刻みに変動します。天体の運動のような

マクロな物理現象のようになめらかな変化はしません。ベースライン・データの安定性には、（1）データの変動性と（2）データの傾向があります。

（1）データの変動性

　データのばらつきが大きすぎるということは、行動に影響を与えている原因が他に多くあり、その後の介入や指導法によって改善したのかどうかがわからなくなります。実験的研究の場合はデータの変動性は5％以下が許容範囲と言われています。臨床現場では、対象者と支援者のかかわり以外の場面で予期しないさまざまなことが起こりますし改善することが最優先されますので、特に定まった基準はありません。アルバートとトルートマン（1992）は、20％から50％以内と言っています。もし、ベースライン・データの変動性が大きすぎる場合は、行動目標の定義や測定方法に問題がないかどうか検討してみます。また突発的な要因（病気や怪我など）が関与している場合も考えられます。

図4－1　増加傾向のベースライン

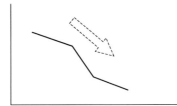

図4－2　減少傾向のベースライン

（2）データの傾向

　ベースライン・データの少なくとも3箇所で連続してある特定の方向を向いている場合、データに傾向性があると言います。増加傾向、減少傾向、傾向なしの3種類の傾向があります。
　図4－1はベースラインで

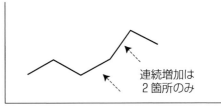

図4－3　傾向なしのベースライン

行動が増加していることを示しています。行動の減少を目標とする場合は介入の効果が確認されますが、増加を目標とする場合は介入の効果が確認できません。

　図4－2は，ベースラインで行動が減少していることを示しています。行動の増加を目標とする場合は介入の効果が確認されますが、減少を目標とする場合は介入の効果が確認できません。

　図4－3は，連続して増加しているのが2箇所だけなので、傾向なしと判断されます。

　ある介入法や指導法（独立変数）が、確実に行動の変化（従属変数）に影響を与えているかどうか（関数関係）が確認できれば、介入法や指導法の効果が証明されたことになります。しかし、支援者が実施した介入や指導以外の変数（剰余変数）によって、行動が変化してしまうことがあります。たとえば、支援者がある対象者のために禁煙のための介入（独立変数）を行っている間、たまたま健康診断の結果が悪くて医師に禁煙を勧められた（剰余変数）ために、対象者のタバコを吸う本数（従属変数）が減ったとします。この場合、対象者の健康のために結果としては良かったのですが、支援者の介入（独立変数）によって、タバコを吸う行動が減った（従属変数）とは言えません。そのため独立変数と従属変数の関数関係を実証するためのシングルケースデザインが発展しています。

2. ABデザイン

　ABデザインは、シングルケースデザインの中で最も基本的なデザインです。ABデザインのAは、ベースライン条件のことを指し**A条件**と呼びます。Bは、介入や指導を行う条件のことで**B条件**と呼びます。B条件を開始した後も、行動の測定を続けます。

　A条件（ベースライン条件）が安定してから、B条件（介入や指導の条件）を開始することが望ましいのですが、本人や他者の生死にかかわるような緊急

に介入しなければならない行動の場合は、あまり長くＡ条件を続けることは良くありません。

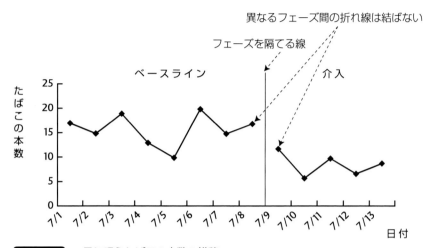

図４−４ 一日に吸うたばこの本数の推移

　図４−４は、一日に吸うたばこの本数を減らしたい人への介入結果でABデザインのグラフを表しています。各条件をフェーズと言います。８日間のベースライン（Ａ条件）フェーズの後、介入（Ｂ条件）フェーズになっています。異なるフェーズ間の折れ線は結ばないで、フェーズを隔てる縦の線を入れます。介入として、20本以上吸うと500円友だちに払うというペナルティを実施しました。Ａ条件とＢ条件を比べると、一日に吸うタバコの本数が減少しており明らかに介入の効果があらわれていることが分かります。

　ABCデザインは、ABデザインの発展型で、ある介入や指導の条件（Ｂ条件）で行動の改善が十分に見られなかった場合に、別の介入や指導（Ｃ条件）を導入する場合のデザインです。それでも効果がなければさらにABCDE…と続けることができます。

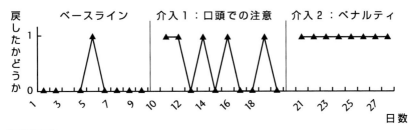

図4−5 歯磨き粉を洗面台の元の位置に戻す行動の推移
（0：戻さない、1：戻す）

　図4−5は、入浴時に歯磨き粉を元の場所に戻す行動について、介入を行った結果で、ABCデザインの例を表しています。ベースライン条件（A条件）の後、口頭での注意（B条件）を行いましたが効果がないので、ペナルティ（C条件）を導入してやっと改善が見られました。

　しかしながら、ABデザインの短所は、介入を行った時期に偶然他の変数が重なってしまった場合に、介入法（独立変数）と行動変化（従属変数）の関数関係を証明できない点にあります。たとえば、図4−4を見ると行動的介入によってたばこを吸う本数が減っているように見えます。しかし、実生活においては、独立変数以外のさまざまな変数（剰余変数）が関与していたかもしれません。たとえば、介入と同じ時期にたばこの値上がり（剰余変数）があったり、前の例のように医師に禁煙を勧められたり（剰余変数）したら、たばこの値上がりや医師の勧め（剰余変数）によって本数が減ったのか、行動的介入（独立変数）によって本数が減ったのか確認ができません。この場合、事例数が積み重ねられることで効果の確認ができます。次に関数関係を確認できるデザインとして、次にABAデザインと多層ベースラインデザインを紹介しましょう。

3. ABAデザイン（反転法）

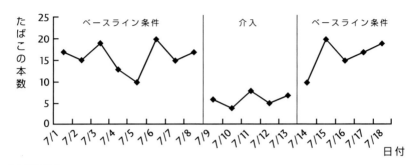

図4－6 一日にたばこを吸う本数の推移

　介入法（独立変数）と行動変化（従属変数）の関数関係を明らかにするには、どのようなデザインを組めばよいでしょうか。ひとつの方法は、介入条件をベースライン条件に戻して行動変化をみる方法です。先ほどのたばこを吸う行動の介入例で考えてみましょう。図4－6は、行動的介入後に、ペナルティをやめてベースライン条件に戻しました。すると再び吸うたばこの本数が増えています。剰余変数が偶然同期してしまっていない限り、介入法と行動変化に関数関係がある可能性が強められたと言えるでしょう。

　臨床的には、このまま改善がないままで放置することはできませんので、再び介入を行う必要があります。図4－7は、たばこを吸う行動の介入法におけるABABデザインの例を示しています。介入条件に戻すと再び、たばこを吸う本数が減少していますので、さらに介入法と行動変化の関数関係が明らかになったと言えます。

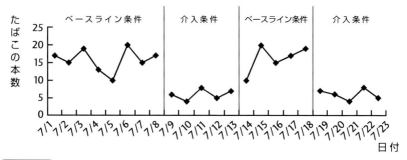

図4-7 一日にたばこを吸う本数の推移

　ABAデザインの短所は、介入や指導が効果を発揮しても再び除去しなければならないことです。有効な方法をいったん止めるというのは、臨床的に躊躇されることです。もし標的とする行動が非常に危険な行動であれば中断すべきではありません。また介入の効果に可逆性がない場合があります。たとえば、ひらがなの書き方の学習のように何かの技能を習得するといった行動目標の場合にいったん介入によって習得できた行動は、ベースライン条件に戻しても維持し続けるかもしれません（図4-8）。

図4-8 ひらがなを正確に書く行動の仮想データのグラフ

4. 多層ベースラインデザイン

　介入法（独立変数）と行動変化（従属変数）の関数関係を明らかにするための2番目の方法が**多層ベースラインデザイン**です。多層ベースラインデザイン

は、介入や指導の手続き（独立変数）を複数の対象者、場面あるいは行動（従属変数）に対して、時間的にずらして実施し同時に分析することによって、介入法（独立変数）と行動変化（従属変数）の関数関係を明らかにすることができます。以下のように多層ベースラインデザインにはいくつかのパターンがあります

（1）対象者間多層ベースラインデザイン

複数の人について、同じ場面で同じ行動を対象にして分析します。たとえば、タロウ、ジロウ、ハナコの3人が教室で離席する行動について分析する場合。

（2）場面間多層ベースラインデザイン

複数の場面において、ひとりの人の同一の行動を対象にして分析します。たとえば、家、学校、病院の3つの場面でユタカが走り回る行動について分析する場合。

（3）行動間多層ベースラインデザイン

同じ場面でひとりの人の複数の行動を対象にして分析します。たとえば、家でシゲルが、髪の毛を抜く、頭を叩く、大声を出すといった3つの行動について分析する場合。

図4－9は、休憩時間中、他者に話し掛けることが少ない3人の対象者に対して、話し掛ける行動の介入を行った仮想データで、多層ベースラインデザインのグラフを表わしています。グラフは介入する順番に上から並べ、ベースラインと介入フェーズを隔てる階段状の線を入れます。それぞれの対象者で介入の時期をずらすことで、話し掛けの増加が介入の効果によるのか、偶然の増加なのかを確かめることができます。

まず、最初にアキラの発話のベースラインが安定したら介入を始めます。残りのヤスシとタケシの発話に関してはベースライン条件のままです。アキラの発話が3連続して増加するか、基準に達した時点で2人目のヤスシの介入を始めます。3人目のタケシへの介入も同じように実施します。グラフでは、3人とも介入を行った後にだけ話し掛けの回数が増加していますから、介入の効果が証明されているわけです。

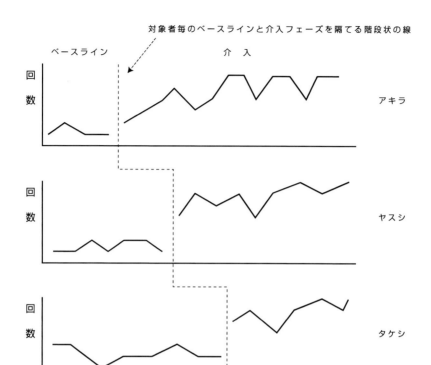

図4-9 対象者ごとの休憩時間に他者に話し掛ける回数の推移

　多層ベースラインデザインの短所は、2番目以降に介入を始める人や場面や行動におけるベースラインが長くなってしまうということです。これは、指導や介入が遅くなってしまうという臨床的な問題と、データ収集のコストの問題があります。後者の問題解決としては、ベースライン・データを間欠的に収集する**マルチプローブ技法**があります。

　この他にも様々なシングルケースデザインの種類があります。さらに詳しく、学びたい方は、バーローとハーセン（1988）による「一事例の実験デザイン－ケーススタディの基本と応用－」などを参照してください。

練習問題　以下の各グラフがどの種類のデザインを表しているか述べて、介入の効果があったかどうかを判断しその理由も述べてください。

❶毎日、家で宿題をする行動

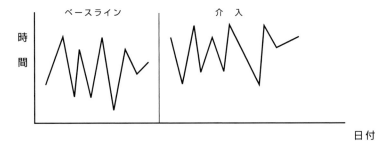

❷療育機関での漢字指導

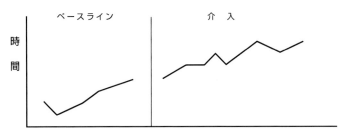

❸学校と家庭における歯磨きの自立指導

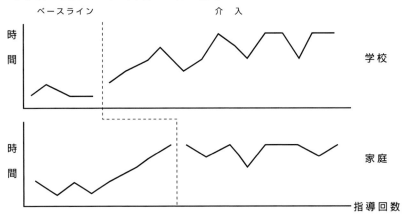

参考文献

アルバート，P. A.・トルートマン，A. C.（著）佐久間徹・谷晋二監訳（1992）はじめての応用行動分析．二瓶社．

バーロー，D. H.・ハーセン，M.（著）高木俊一郎・佐久間徹監訳（1988）一事例の実験デザイン－ケーススタディの基本と応用．二瓶社．

5章 理論的分析
ひとはなぜそのように行動するのか？

スキナー（B. F. Skinner, 1904-1990）

3章で紹介した行動のアセスメントでは、問題となっている行動を明確に定義し、行動の実態を把握するための観察と記録を行います。次に、観察と記録から困った行動がなぜ起こるのか、あるいは良い行動がなぜ起らないのかといった原因を探るために、どのような行動随伴性が働いているのかを考察し整理していきます。

　行動の原因となる行動随伴性が明らかになれば、その改善方法を見出すのが非常に容易になります。行動随伴性は環境の変数によってあらわされているので、環境を操作することで問題解決を図ることが出来ます。こうして、応用行動分析では、具体的で実践的な問題解決を行うことができるのです。

　普段は目に見えない、意識されていない行動随伴性を目に見える形で具体的に提示するのが理論的分析という作業です。心理学的に問題解決を図っていく方法として、様々な心理療法があります。

　ちなみに、応用行動分析に比較的近いアプローチである行動療法の中に**認知行動療法**というものがあります。認知行動療法では、「認知」と「行動」を別のものと捉えているようですが、行動分析学では「認知」活動も行動（言語行動）と捉えます。認知行動療法は、行動の原因として「自己効力感」などの仮説的構成体を専門用語として使いますが、行動分析学では、「自己効力感」と言われる行動は何かということを具体的に明らかにし、その行動に影響を及ぼしている環境変数に目を向けます。たとえば「自己効力感」とは、「ポジティブで外向的な思考（言語行動）」と捉えることができます。介入方法の開発は、その行動に影響を与えている環境条件の「先行事象や結果事象」を分析し操作するといった具合です。

　究極的には、どんな学問基盤に立つ心理療法であろうと、実際に対人的な支援を行ってゆく場合、個体の外（つまり環境）から働きかけを行います。直接環境に原因を求め、環境に働きかけて行動的問題の解決を図る応用行動分析がいかに効率的で実用的なアプローチであるかお分かりだろうと思います。

　実生活では無数の様々な随伴性が作用しており、それを明らかにすることはもつれた糸をほぐすように大変な作業です。ここで、行動随伴性を分析する枠組みとして、もう一つ「**確立操作**」という概念を紹介します。確立操作は、強化子や弱化子への感受性を強めたり、弱めたりする手続きのことです。

杉山・島宗・佐藤・マロット・マロット（1998）

> **確立操作**：特定の強化子や弱化子による強化や弱化、および弁別刺激による行動の喚起や抑制に対する感受性を確立する手続き

　確立操作について、もう少し分かりやすい日常の例で説明してみましょう。生理的な状態としてお腹が空いていたり、喉が渇いていたりするときの食べものや飲み物の強化子を獲得しようとする行動は増えます。たとえば、その時に「水をください」という要求で水がもらえれば、この行動は強化されるでしょう。逆に、お腹がいっぱいのときは、食べものや飲み物を獲得しようとする行動は減ります。たとえば、その時たまたま「水をください」という行動が自発され水をもらえたとしても、水に強化子としての強化価がないために強化されないでしょう。

のどが渇いているときに店で店員に水を要求する行動の行動随伴性の例

確立操作	先行事象	行動	結果事象
のどが渇いている	店の店員 カラのコップ	水をください	水を注いでくれる（↑）

　頭が痛い時や熱がある時に頭脳労働や肉体労働を行うのは苦しいので、それを避ける行動の頻度は高くなります。この「お腹が空いている」「喉が渇いている」「頭が痛い」「熱がある」といった状態は、強化や弱化に影響を与えるので、確立操作と言えます。

熱があるときに学校で授業を受ける行動の行動随伴性の例

確立操作	先行事象	行動	結果事象
熱がある	学校 難しい数学の時間	問題を解く	体がしんどい（↓）

　物理環境的状況の例としては、紙パックのジュースを飲むときにストローがない状況を考えてみましょう。ストローを探す、「ストローをください」と言う行動が自発されて、ストローがもらえればこの行動が強化されます。電池式の玩具で遊びたいときに電池がない状況では、電池を探す、電池を買いに行く、「電池ください」と言う行動など、電池の入手につながった行動が強化されます。「パックジュースでストローがない」「電池式玩具で電池がない」といった状況は、それぞれストローや電池に対する確立操作であるといえます。

ジュースを飲むときストローがないときの行動の行動随伴性の例

確立操作	先行事象	行動	結果事象
ストローがない	おやつの時間、パックジュース	「ストローをください」	ストローがもらえる（↑）

　社会的文脈や状況によっても様々な変化が生じます。会社の付き合いで夜遅く帰宅しているあるサラリーマンの夫の家族について考えてみましょう。このサラリーマンの夫が、普段から休日に家族を旅行に連れて行くとか、記念日にプレゼントをするとか、妻の愚痴や話し相手になっていれば、夜遅く帰宅しても、妻に文句を言われる頻度は少ないはずです。逆に、普段からそのようなサービスを家族にしていない場合、夜遅く帰宅したら妻に文句を言われる頻度が高くなるでしょう。この場合、普段からの家族へのサービスの度合いが少な

いことが、夫のすまなさそうな顔を強化子として成立させている確立操作ということになります。

家庭サービスの少ない夫に対する妻の行動の行動随伴性の例

確立操作	先行事象	行動	結果事象
普段から夫の家族サービスが少ない	夫が夜遅く帰宅	妻が文句を言う	夫がすまなそうな顔をして謝る（↑）

これまで、「先行事象」、「行動」、「結果事象」の3つの枠組みで、行動随伴性を分析してきましたが、「確立操作」を加えた4つの枠組みで分析することでさらに理解が広がると思います。行動随伴性の枠組みを拡大することで、行動をより包括的に分析し、支援の方法を考える可能性が開けてきました。

確立操作となりうるような出来事

身体的、物理的、社会的	具体的な出来事
身体・生理的な出来事	・生理的な痛み（腹痛、頭痛、歯痛、生理痛など） ・肉体疲労（肉体労働、運動など） ・精神疲労（睡眠不足、過剰な仕事など） ・服薬による影響 ・一定時間食べ物や飲み物を断つ、あるいはたくさん食べる、飲む
物理環境的な出来事	・嫌悪的な物理刺激（騒音、温度の高低、湿度の上昇） ・部屋の構造を変える ・物品の配置を変えるなど
社会環境的な出来事	・好みの（あるいは嫌いな）人の接近 ・嫌な（あるいは良い）経験 ・未来の嫌な（あるいは良い）出来事 ・目標や約束、ルールの提示

本書では園山（2000）を参考にして、確立操作を「身体・生理的」、「物理的」、「社会的」と分類していますが、確立操作が生得的なものか、習得的なも

のかによって、「無条件性確立操作」、「条件性確立操作」と分類することもあります（山本，1997）。

1）良い行動が生起しない要因についての行動随伴性の理論的分析

　我々が、何か目標を決めてはじめようと思ったり、実行しようとしてもなかなかうまくいかなかったりして三日坊主に終わってしまうことはよくあります。そこには必ずそれを邪魔するような随伴性が働いています。ある行動には、実にたくさんの随伴性が複合的に働いているので、それを分析するのは非常に困難です。しかし、以下のような3つの随伴性を分析することで、良い行動が生起しない原因が明らかになるでしょう。

良い行動が生起しない要因
❶良い行動を弱化する随伴性
❷良い行動を邪魔する行動を強化する随伴性
❸良い行動を強化するのに効果のない随伴性

　良い行動が現状で生起していない理由について3つの随伴性（マロット，2000）について考えてみましょう。1つは良い行動を弱化する随伴性がある場合です。2つ目は、良い行動とは反対の行動や相反する行動が強化される随伴性がある場合です。3つ目は、良い行動を強化するのに効果的でない随伴性がある場合です。

効果のある随伴性	1回の行動に対する結果が大きい、あるいは結果の生起する確率が大きい
効果のない随伴性	1回の行動に対する結果が小さい、あるいは結果の生起する確率が低い

　良い行動を強化しているように見えても、実はそれが「効果のない随伴性」であることがあります。効果的でない随伴性には2種類あります。1つは「塵も積もれば山となる型」で、累積されると大きな結果になるのに、1回の行動では結果が小さすぎて行動を強化しない随伴性です。たとえば、5kgダイ

　　塵も積もれば山となる　　　　　天災は忘れた頃にやってくる

エットするために「毎日30分運動する」という行動について考えてみましょう。おそらく、数ヶ月間、毎日規則正しく運動を続ければ目に見えて体重は減少するでしょう。しかし、一日に30分の運動で消費されるカロリーはわずかであり、運動を強化するには十分ではないはずです。

　もう1つは「天災は忘れた頃にやってくる型」で、1回の行動によって結果が起こる確率が低すぎて行動を強化しない随伴性です。たとえば、交通事故で重傷を負うのを防止するために「シートベルトを装着する」という行動について考えてみましょう。普段、自動車を運転していて実際に交通事故に遭う確率は、非常に低いでしょう。おそらく、何年かに一回あるかないかじゃないでしょうか。ですが、一旦、事故に巻き込まれてしまって、シートベルトをつけていなかったら、重傷どころか命まで落としてしまうことになりかねません。残念なことに、1回の運転で事故が起こる確率は、非常に低いので「シートベルトを装着する」行動を強化するのに十分ではないのです。

効果のない随伴性の種類	具体的な行動の例
「塵も積もれば山となる型」 　累積されると大きな結果になるのに、1回の行動では結果が小さすぎて行動を強化しない随伴性	・勉強やスポーツの成績向上の取り組み ・ダイエットの取り組み ・禁煙のための取り組み ・楽器やスポーツの練習
「天災は忘れた頃にやってくる型」 　1回の行動によって結果が起こる確率が低すぎて行動を強化しない随伴性	・シートベルトの装着 ・飲酒運転 ・避妊のためのコンドーム装着 ・院内感染予防の手袋装着 ・工事現場でのヘルメット装着

　次に具体例にそって説明しましょう。きみ子さんは、大学の福祉学科に所属し熱心に授業に出席し、ボランティア活動をしている学生です。生活費の足しに夜は、飲食店でバイトをしています。4年になり福祉士の国家試験の合格を目指して「一日に1科目ずつ勉強する」という行動目標を立てました。最初は頑張っていましたが、長続きせず3日目にはやらなくなってしまいました。

❶良い行動を弱化する随伴性

　3日坊主ということわざが示すように、私たちは目標を立てても続かないということがよくあります。この場合、行動分析的には目標行動を弱化する随伴性が働いていると考えられるのです。つまり、その行動をすることで、結果として弱化子が提示される、あるいは強化子がなくなるような随伴性が働いていないか調べてみます。きみ子さんの勉強行動を弱化している原因について考えてみると、夜帰宅すると、疲れていて勉強のやる気がでないということが分かりました。これを行動随伴性の図であらわすと次のようになります。

確立操作	先行事象	行動	結果事象
ボランティアやバイトで疲労	夜帰宅し、自室にて勉強の道具	福祉で重要な定義を繰り返し読む	だるい（↓） 面倒くさい（↓）

　ボランティアやバイトなどであまりに忙しいと疲労がたまり精神活動の負荷が高まります。ですから、「疲労」は、勉強など頭脳労働によって生じる弱化子（だるさ）に対する感受性に影響を与えるので、確立操作ということになります。「定義を繰り返し読む」といった勉強をすると「だるい」といった弱化子が生じますので、このような勉強行動は弱化されます。

❷ 良い行動を邪魔する行動を強化する随伴性

　次に「勉強する」行動に相反する、邪魔する行動がないか考えてみます。勉強する代わりに日ごろ何をしているか考えてみるのです。きみ子さんは、自室に戻るとかばんを置いたままテレビをつけて楽しんでいました。勉強とテレビを見ることは同時にできませんから、これは勉強を邪魔する行動です。

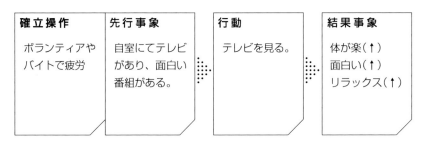

確立操作	先行事象	行動	結果事象
ボランティアやバイトで疲労	自室にてテレビがあり、面白い番組がある。	テレビを見る。	体が楽（↑） 面白い（↑） リラックス（↑）

　「疲労」という確立操作は、勉強など負荷のかかる精神活動に対して、弱化の機能を高めますが、「テレビを見る」といったリラックスするための活動に対しては、強化の機能を高めます。そこで、運動よりも楽な行動が生じやすくなるのです。

❸良い行動を強化するのに効果のない随伴性

　きみ子さんは、なぜ勉強の目標を立てたのでしょうか。勉強をすることによるメリット（強化子の出現や弱化子の消失）は何でしょうか？最終的には、福祉士の国家試験に合格することです。しかし、きみ子さんの勉強が続かなかったということは、効果がない随伴性だった（結果が小さいか確率が低い）ということです。

確立操作	先行事象	行動	結果事象
特になし	夜帰宅し、自室にて勉強の道具	福祉で重要な概念1つ覚える	ごくわずかに福祉の知識が増える（結果が小さい）（－）

　勉強をして「福祉の知識が増えること」は、きみ子さんにとって強化子ですが、一回の勉強量では本人が自覚できるように大きな結果（合格にいたる点数）はもたらされません。つまり、一回一回の勉強行動を強化するには、結果が小さすぎる「塵も積もれば山となる」型の随伴性だったのです。

　このように自然の状態では、勉強行動を弱化してしまう随伴性が強く働き、勉強とは違うテレビを見る楽な行動を強化する随伴性が働いていることが分かりました。さらに勉強行動を強化する随伴性は効果がないことも分かりました。
　この随伴性を改善するためには、ボランティアやバイトを減らしたりして余裕を持って勉強行動に取り組めるように環境調整する（確立操作）、部屋の目立つ所に貼り紙を貼る（先行操作）、友達と励まし合いながら頑張る、十分に強化されるような強化子が提供されるようにする（結果操作）などの介入計画が必要です。先行事象を操作することによって行動変容を図ることを先行操作と言います。結果事象を操作することによって行動変容を図ることを結果操作と言います。

2）困った行動が生起する要因についての行動随伴性の理論的分析

　良い行動と同様に日常生活で困った行動が生起するのに３つの理由があると考えられます（マロット，2000）。１つは困った行動が現状で生起しているならば、そこには必ず強化の随伴性があるはずです。２つ目は、困った行動を減らそうとしているのに、生起し続けているならば、困った行動を阻止する行動を弱化している随伴性が働いています。３つ目は、困った行動を弱化するのに効果のない随伴性があることを疑ってみましょう。

困った行動が生起する要因
❶困った行動を強化する随伴性
❷困った行動を阻止する行動を弱化する随伴性
❸困った行動を弱化するのに効果のない随伴性

　これも具体例にそって説明しましょう。毎年、交通事故による死亡者数は、１万人を超えると言われていますが、スピード違反などの交通違反は後を絶ちません。車の運転におけるスピードオーバーについて、学生のたかしさんの行動随伴性の理論的分析をしてみましょう。

❶困った行動を強化する随伴性

　困った行動がよく起こっているとすれば、その行動は必ず強化されています。スピードオーバーで車を運転する行動を強化している随伴性を探すのです。たかしさんは毎朝ぎりぎりに家を出ていたので、授業に間に合うためにスピードを出していたことが分かりました。

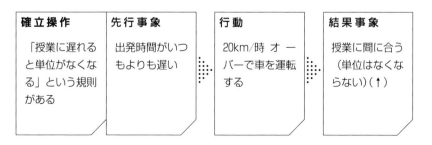

授業に遅れると単位がなくなってしまう（あるいは仕事に遅れると契約がなくなってしまうなど）厳しい状況は、行動の結果に影響を与えるので、確立操作です。スピードオーバーをすることで、強化子（単位や契約）がなくなることを避けることができます。つまり、スピードオーバーで運転する行動が強化されます。

❷**困った行動を阻止する行動を弱化する随伴性**
　次に困った行動をやめようと努力している行動がないか検討してみます。しかし、その努力はうまくいっていない（弱化されている）はずです。

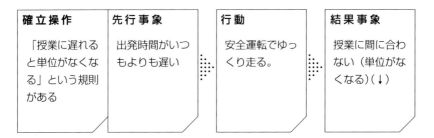

　スピードオーバーで運転する行動を阻止する行動は、安全運転でゆっくり走ることです。しかし、ゆっくり車を走らせていると授業に遅れ、強化子（単位）がなくなります。よってそのような行動は弱化されます。

❸**困った行動を弱化するのに効果のない随伴性**
　最後に「困った行動」ということは、たかしさんにとって何らかのデメリット（弱化子の出現や強化子の消失）があるはずです。ですが、行動を弱化するのに有効に作用していない（結果が小さいか確率が低い）ということです。たかしさんがスピードオーバーすることのデメリットは、警察に切符を切られることです。

確立操作	先行事象	行動	結果事象
あと減点2つで免停になる	出発時間がいつもよりも遅い。	20km/時オーバーで車を運転する	警察に切符を切られる（確率が低い）。（－）

「あと減点2つで免停になる」という状況は、行動の結果に影響を与えるので、確立操作です。しかし、警察に切符を切られ、罰金を払ったり、免停になったりすることは、弱化子の出現もしくは強化子の消失による弱化ですが、捕まる確率が低い「天災は忘れた頃にやってくる型」なので十分に効果を発揮しないのです。

スピード違反

練習問題1 田中さんの家は、台風で物置のドアのちょうつがいが壊れてしまいました。ドアを修理しようと思って道具箱を開けたら、ドライバーがありませんでした。そこで、田中さんは、ドライバーを買うためにホームセンターに行きました。田中さんが「ドライバーを買いにいく」行動について、確立操作、先行事象、行動、結果

事象の4つの箱を使って行動随伴性を分析してみましょう。

練習問題2 さとるさんは、製造業の会社で夜遅くまで働くサラリーマンです。息子の運動会の父兄リレーに出場するように頼まれました。当日遅すぎて恥をかかないように毎朝ジョギングを20分する目標を立てましたが、3日と続きませんでした。「ジョギング」行動が続かない理由を良い行動が生起しない3つの行動随伴性の図を描いて分析してみましょう。

練習問題3 しんじさんは、歯学部で勉強している学生です。夜アパートに帰るとすぐにネットサーフィンをして、寝るのはいつも早朝の3時や4時ごろでした。そのため、朝起きられなくて授業に遅刻することが多く単位も落としそうです。焦りはあるもののなかなかこの悪癖をやめられません。この「夜遅くまでネットサーフィンをする」行動がやめられない理由を困った行動が生起する3つの行動随伴性の図を描いて分析してみましょう。

参考文献

Malott, R. W., McNaughton, T., Paul, J., Rohn, D., & Haroff, L. (2000) Behavioral Systems Analysis and Organizational Behavior Management. In R. W. Malott (Eds.), Psychology 671 Survey of Applied Behavior Analysis Research Summer 2000.

園山繁樹（1999）行動問題に関する援助－相互行動論からの援助アプローチ．小林重雄監修，発達障害の理解と援助．コレール社．pp.125－132.

園山繁樹（2000）行動的立場の考え方と援助アプローチ．長畑正道・小林重雄・野口幸弘・園山繁樹（編），行動障害の理解と援助．コレール社，pp.100－121.

杉山尚子・島宗理・佐藤方哉・マロット，R.W.・ウェイリィ，D.L.・マロット，M.E.（1998）行動分析学入門．産業図書．

山本淳一（1997）要求言語行動の形成技法の基礎．小林重雄（監），応用行動分析学入門．学苑社，pp.160－174.

6章 行動変容

環境を変えると行動が変わる

1. 行動随伴性の枠組み毎のアプローチ

　3章の「行動のアセスメント」の「行動随伴性の理論的分析」でも述べた通り、行動を分析する枠組みは、「先行事象」、「行動」、「結果事象」に、「確立操作」を加えたものに拡大しました。ここでは、新しい分析の枠組みに沿って、それぞれの分析枠ごとのアプローチを紹介します。

確立操作を含めた行動随伴性の枠組み

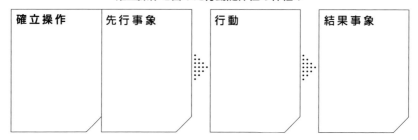

1）結果事象に焦点をあてたアプローチ（結果操作）

　一般に、私たちは人の行動を改善しようとするときに、話し合いをするとか、説得する、説明をするなど、ことばに頼ることが多いと思います。カウンセリングを始め多くの心理療法は、ことばによるコミュニケーションによって問題を解決すると考えられています。しかし、応用行動分析では、ことばの十分に発達していない乳幼児のしつけ、発達障害児の教育や指導などにも行動の法則を使って有効にアプローチすることができます。もちろん、この法則はことばの発達している人たちにも非常に有効です。

　ここで、行動と結果事象の関係について、どのような結果事象が行動を増加させ（強化）、減少させる（弱化）のかまとめてみましょう。

行動随伴性	結果操作	随伴性が自然に提示される（ビルドインされた随伴性）	随伴性が人によって提示される（社会的な随伴性）
強化：行動が増加する	強化子の提示（正の強化）	・部屋が暑いので窓を開けると涼しい風が入る ・自販機にコインを入れてボタンを押すとジュースが出る	・良いことをして誉められる ・面白いことをしてみんなに注目される
強化：行動が増加する	弱化子の除去（逃避や回避）（負の強化）	・熱いものを触って手を水で冷やす ・まぶしいのでブラインドを下ろす	・歯医者に行って歯痛を治す ・落第しないように勉強する
弱化：行動が減少する	弱化子の提示（正の弱化）	・熱いなべに手を伸ばし火傷をする ・悪くなったものを食べてお腹が痛くなる	・授業中、おしゃべりをして先生に叱られる
弱化：行動が減少する	強化子の除去（ペナルティ）（負の弱化）	・ソフトクリームを食べながら歩いているときよそ見をしたら落としてしまった	・スピード違反をして罰金を取られる、点数が減る

（1）強　化

2章3節の行動の法則で「強化の原理」を思い出してください。

> **強化の原理**：行動することで、結果事象として何かが起こったり、何かがなくなったりすることで、その行動がその後、強まったり、繰り返されたりすることを指します。結果事象として何かが生じることで、行動を強化する事柄を強化子、結果事象として何かがなくなることで、行動を強化する事柄を弱化子と言います。

つまり、良い行動が起きた直後に、強化子を提示したり、弱化子を除いたりすることで、その行動を強化することができます。

a）強化子の提示による強化

事例1 2歳のゆい子ちゃんは、ご飯のときにいつも椅子から腰を浮かせて立って食べるという癖がありました。お母さんは、「座りなさい」と

言ったり、無理やり押さえたりして座らせようとしましたが、うまくいきませんでした。どうすれば良いでしょうか?

お母さんは、ゆい子ちゃんが「座って食べる」という行動の後に、「ほめる」という強化子を提示しました。結果、「座って食べる」行動が、強化の原理によって、繰り返されるようになりました。

このように人の「良い行動を見てほめる」というのは、夫婦・友だち・会社の人間関係を改善したり、行動を良い方向に導いたり、カウンセリングや心理療法を成功させるための大原則といっても過言ではありません。私たちは、通常人の「良い行動をほめる」よりも「悪い行動を責める」とか「注意する」ことの方が、はるかに多いことに気が付きます。しかし、これは行動を改善するどころか、人間関係をも悪化させてしまいます。

行動の法則（島宗，2000）

反発の原理：弱化子が出現したり、急に行動が消去されると、反発したり、相手を攻撃する行動が起こりやすくなる。

私たちが、日頃よく経験する例で、考えてみましょう。
- 夫婦や家族が車でドライブ中に、助手席の人が運転手に対して、「運転の仕方が悪い」とか、あるいは「道を間違えた」などと文句を言ってけんかになってしまう。
- 旅先でカップルがお互いに自分たちの主張を通そうとしてけんかになる。
- 親が、思春期を迎えた子どもの服装や態度に対して口やかましく言うので、余計に子どもが反抗する。

このように、相手を責めたり、自分の思い通りにしようとしたり、口やかましく説教をすると「反発の原理」が働いてしまうのです。それに対して、相手の自主性を尊重して「良い行動をほめる」というように対応を変えると、相手の行動は劇的に変化することが分かるでしょう。反発の原理で生じる行動は、消去誘導性攻撃行動（Lerman et al., 1999）として知られています。

強化子の種類や強さ
　強化子は、一般的に、食べ物や飲み物など生物が生きていく上で不可欠な生得性の強化子と、経験によって獲得された習得性の強化子があります。習得性の強化子には、玩具などのモノ、遊びなどの活動、ほめ言葉や注目などの社会性の強化子があります。強化子の種類や強さは、人によっても状況によっても変わります。例えば、お酒好きの大人には、お酒は強化子ですが、子どもにはジュースの方が強化子だったりします。お腹が空いているときは、食べ物は強化子が強まりますが、お腹がいっぱいの時は強化子が弱まります（確立操作）。

行動の法則（島宗, 2000）

> **派生の原理**：強化子（あるいは弱化子）が現われると、その時、そこにいた人やそこにあった物、状況などが、強化子化（あるいは弱化子化）します。

　たとえば、「ほめことば」がどのように強化子の機能を持つようになったのか、考えてみましょう。赤ちゃんとお母さんのやりとりを観察していると、赤ちゃんのいろいろな行動をお母さんが強化しているのがわかります。お腹が空いて泣き出せばミルクをあげます。おしっこをしてオムツが濡れて泣き出せばオムツをとりかえます。抱っこして欲しいと小さな手を突き出せば抱っこしてあげます。こうしたやりとりをしているうちに、赤ちゃんの行動も次第に洗練されていき、それに合わせてお母さんも「そうね、そうね」とか「わ～おりこうさんね」などと言いながら、ミルクをあげたり、オムツをとりかえたり、抱っこしたりします。こうして、ミルクや抱っこされることなどの習得性の強化子が、「そうね、そうね」とか「おりこうさんね」という言葉と同時に現れることで、このような「ほめことば」が派生の原理によっ

て習得性の強化子になると考えられます。

　また成長するに従って、親や教師の期待に応えたり（たとえば、テストで満点を取るとか）、目標を達成すること（たとえば、逆上がりができるようになったり、ピアノが弾けるようになったり）が習得性の強化子になります。「ほめことば」のような習得性の強化子によって社会的に強化される状況が、派生の原理によってさらに習得性の強化子になってゆくのです。逆に、これはとても残念なことですが、周りから誉められないで育った子どもや大人は、何かが上手にできたり、達成することが十分な強化子にならず、その結果、やる気がないとか、無気力・無関心のように言われるようになってしまうこともあります。

強化子の提示の仕方とタイミング

　行動を身につけ始めの頃は、好ましい行動が起った直後に強化子をその都度あげるようにします（**連続強化**）。そして、行動が身についてきたら時々あげるようにし（**部分強化**）、完全にマスターして初めてなくしても大丈夫になります。2章の強化スケジュールを参照してください。

行動が行動を強化する：プレマックの原理

　日常よく行っている行動（高頻度行動）は、習得性の強化子と同じ働きをします。つまり、普段あまり起らない行動の直後に、高頻度行動が続くと、起らない行動が強化されて起るようになります。これをプレマックの原理と言います。例えば、学校の掃除をやりたがらない子どもに「掃除をしたら、外で遊んでいいよ。」というふうにすると、掃除をするようになります。

いろいろな強化子と交換できる汎用的な強化子：トークン

　子どもに良い行動を教える時に、すぐに強化子を直接与えることができない場合があります。その場合、習得性強化子の一つである**トークン**を用いると有効です。トークンとは、もともと強化子ではありませんが、他のいろいろな強化子と交換できることによって強化子の機能を獲得した代用貨幣のことです。私たちの身近な例では、もちろん貨幣がこれにあたりますし、商店やガソリン

スタンドで出されるポイントやシール、航空会社のマイレージなどです。これが、貯まると後でいろんな特典と交換できるようになっていて、客がその店や航空会社を利用する行動を促すものです。

　子どもに、良い行動が起ったら、その直後にトークンを渡します。いくらかトークンが貯まると後で子どもの欲しいもの：強化子（お菓子、玩具、好きな活動）と交換します。

（2）弱　化

　2章3節の「行動の法則」の中で「弱化の原理」を思い出してみてください。

> **弱化の原理**：行動することで結果事象として、何かが起こったり、何かがなくなったりすると、その行動がその後、弱まったり、少なくなったりすることを指します。結果事象として、生じることで行動を弱化する事柄を弱化子、なくなることで行動を弱化する事柄を強化子と言います。

　つまり、何か不適切な行動をした後に弱化子を提示する、あるいは強化子を取り除くことによって、不適切な行動を減らすことができます。

a）弱化子の提示による弱化
直接的な弱化子の提示

　重度知的障害の子どもの中には、落ちている葉っぱやゴミを食べるといった異食をする人たちがいます。この場合に、落ち葉に辛子やマスタードを塗ることで、異食を改善したという事例があります。このように、不適切な行動（異食）に、弱化子（辛子やマスタードの味）を提示することで、不適切な行動を減らすことができます。

　私が小学生だった頃は、授業中、私語をすると体罰をする先生がいました。現在では体罰ということで教師の資質が問われる大問題になりますので絶対に行わないでください。ことの是非は別にして、これも体罰という弱化子の提示による不適切な行動を減少させる例です。

社会的不承認

おそらく、多くの人が普通に行っている昔からのしつけの方法として「社会的不承認」というものがあります。子どもが何か不適切なことをしたら「それをしてはいけません。」と言って叱ったり、怖い表情をすることです。通常、我々にとって「叱られること」や「怖い顔をされること」は習得性の弱化子ですから、このしつけ方法は不適切な行動を減少させるのに大変有効な方法です。

昔は、親以外にも、近所のおじさんやおばさん、先輩が、子どもの無作法や悪さを叱ってくれたものです。そうやって、子どもは、物事の良し悪しや社会性を身につけて行くのです。行動分析学では、生まれつき人間が善だとか悪だとか考えません。善悪は、しつけや教育、学習によって身につけるものと考えます。最近の子どもや若者は、「しつけがなってない」とか、「挨拶ができない」、「社会性がない」などと言われていますが、これは、我々大人の地域社会での行動が問われている問題なのです。

また「社会的不承認」は、叱られる意味や怖い表情を理解できない障害児には、効果がないことがあります。それどころか、怖い顔を面白がるとか、注意獲得の手段とするような場合は、問題行動を増長させてしまうことがあるので注意が必要です。しかし問題行動に弱化子を用いる方法は、様々なマイナス効果があるので、今では7章にあるポジティブ行動支援（Horner et al., 1996）を重視しています。

過剰修正法

事例2 11歳のかよ子さんは、気分が高揚してくると自分をコントロールできず、そばにある家具を手当たり次第にひっくり返しました。さらに時々、引っ繰り返すうちに自分の手や足をはさんでけがをすることもありました。どうすれば良いでしょうか？

過剰修正法は、不適切な行動が起ったら、それに関連した適切な活動をさせる（弱化子の提示）ことで、不適切な行動を弱化する方法です。お母さんは、かよ子さんが家具を引っ繰り返すと元通りにさせるだけでなく、周りを掃除させるようにしました。すると、次第に家具を引っ繰り返す行動が少

なくなりました。

b）強化子の除去による弱化（ペナルティ）
レスポンスコスト

事例3 小学校6年生のとも子さんは、じっと座って授業を聞いていることができず、よく授業中に立ち歩きました。先生がいくら注意してもやめませんでした。どうすれば良いでしょうか？

　レスポンスコストは、子どもが、困った行動をした時に、その子どもにとっての楽しみ（強化子）を取り去る（弱化）によって、困った行動を減らす手続きです。そこで、担任は、管理職と協議し、立ち歩いたら休み時間のタブレットを使う時間を減らすことを決めました。担任は、とも子さんが授業中に立ち歩く度に注意しタブレットを使う時間1分を表すトークンを5個並べたボードを見せて、トークンを1個取り去りました。とも子さんは、最初トークンがなくなることで、大声を出しましたが、その後授業中に立ち歩くことはなくなりました。

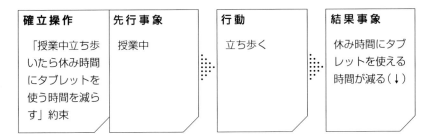

※弱化の手続きは、行動の直後に実施しないと効果がありません。また倫理的に逸脱しないように関係者と協議することが大事です。

タイムアウト

事例4 幼稚園に通っているしげる君は、遊び時間、プレイルームで友だちとおもちゃで遊ぶのが好きです。でも、時々しげる君は気に入らないことがあるとすぐに、かんしゃくを起こしたり、友だちを叩いたりしました。どうすれば良いでしょうか。

タイムアウトといって、困った行動が起こった時に、強化的な場面から一時的に遮断することで、困った行動を減少させる方法があります。

> **タイムアウトの手続き**：子どもが困った行動をした時、一時的に強化的な場面から遮断する、あるいは強化子を預かることで、困った行動を減させる

　そこで、先生はしげる君がかんしゃくを起こす度に、しげる君をプレイルームから連れ出し、着替えの部屋に行って落ち着くまで5分位いさせるようにした。すると、しげる君のかんしゃくや友だちを叩く行動は減って行きました。

タイムアウトの種類

　タイムアウトは、困った行動に対して強化的な場面からの遮断、つまり強化子への接近の阻止による弱化の手続きです。強化子の対象が人なのか場面なのか物なのか、強化子の方を移動させるのか、子どもの方を移動させるかによって以下のようなバリエーションが考えられます。

a）困った行動が起こったら、子どもにとってその場で強化子となっているもの（玩具、ゲーム機など）を短時間取り去る。

b）困った行動が起こったら、周りにいる人（遊び相手、大好きな人など）が短時間その場を去る。

c）困った行動が起こったら、子どもを部屋の隅に短時間腰かけさせる（教室など）。

d）困った行動が起こったら、子どもを退屈な部屋（危険なものや面白いものがなく安全な部屋）に短時間（5分程度）置く。

実施の手順と留意点
a）子どもの困った行動1つだけを選択する。
b）問題行動があったら、淡々と分かりやすい言葉で警告する。
c）警告に従わないとタイムアウトを導入する。
d）一定時間経過後（2～5分程度）、タイムアウトを解除する。
e）元の状態に戻し、適切に行動したら大いに誉める。
※学習機会や強化事態を奪うことになるので、一日に何度も行わないようにします（かつてタイムアウトが施設職員によって濫用され問題になったことがあり、実施には十分な検討と監督が必要です）
※タイムアウトが、その子どもにとって強化事態になってないか注意します（たとえば、タイムアウトによって嫌いな課題や勉強から逃れられる、ひとりの空間を面白がるなど）
※実際には、タイムアウトだけでは効果がないので、必ず良い行動を教える手続きを併用します

弱化の手続きを用いる上での留意点
　悪いことをしたら「叱る」ことは大切ですが、あまりに度を越した厳し過ぎるしつけは、副作用をもたらすので、注意が必要です。強い罰の副作用として第一に考えられることは、注意された行動以外の行動も抑えられて、全体的に消極的な子どもになってしまうことです。第二に、厳しいしつけを与える人を避けたり、逆に攻撃的（反発の原理参照）になったり、悪感情を抱くようになります。第三に、叱る人が見ていないところで悪いことをする、他の弱い立場の子どもに暴力を振るうといったことが生じてきます。第四に、罰を使う側の人が、罰の即効性に強化されてそれを多用するようになり、虐待に発展してしまう危険性があることです。これは非常に深刻な社会問題にもなっていることなので注意が必要です。弱化の手続きは、長時間にわたり、頻繁に用いるべきではありません。

現在、応用行動分析では、弱化子を用いることによる副作用や倫理的な問題などから、弱化子を用いることをあまり勧めていません。代わりに強化子を多用するよりポジティブ行動支援（Horner et al., 1996）が推奨されています。やむをえず、嫌悪的手続きを用いる場合は、保護者の同意や倫理委員会など第三者によるチェックや監視の体制を作るようにします。

（3）消　去

事例5　5歳のこうじ君は、電気のスイッチをつけたり消したりするのが好きです。彼は、冷蔵庫のドアを開けたり閉めたりして明かりがついたり消えたりするのを見て遊んでいました。お母さんは、その都度「やめなさい」と注意していましたが、面白がってやめようとしません。どうすれば良いでしょうか？

まずは、こうじ君のドアを開け閉めする行動の随伴性を分析してみましょう。

こうじ君のドアを開け閉めする行動は、電灯の点滅（感覚刺激による強化子）によって強化されています。良い行動と同じように、困った行動も強化によって維持すると考えられます。従って、困った行動を強化する「結果」となっている強化子を取り除く、あるいは弱化子を除かないことによって行動は弱まります。このような手続きのことを消去と呼びます。

消去の手続き：困った行動を強化する「結果」となっている強化子を取り除く、あるいは弱化子を除かないことによって行動を弱める手続き

こうじ君のお母さんは、冷蔵庫の電灯を外しました。そうすることで電灯の点滅（感覚的な強化子）はなくなり、こうじ君の冷蔵庫のドアを開け閉めする行動は、なくなりました。

事例6 小学校1年生のまさお君は、夕食の後にお姉さんが熱心に見ているテレビの歌番組を突然変えて喜んでいました。お姉さんが「まさおやめてよ。もう！」と注意しても言うことを聞きませんでした。お姉さんは、どのように対応すれば良いでしょうか。

まずは、まさお君がテレビのチャンネルを変える行動の随伴性を分析してみましょう。

このまさお君の不適切行動は、お姉さんの注目ややり取り（強化子）によって、強化されていたものと考えられます。私たちは、まさお君のような困った行動に注意と関心を向ける傾向があります。注目と関心は、通常、強力な社会的強化子なので、逆効果になります。そこで、お姉さんはまさお君のチャンネル変えを無視して、漫画を読み始めました。まさお君は、それにもちょっかいを出してきましたが、お姉さんは部屋にこもりました。そのうち、まさお君はあきらめてゲームボーイで遊び始めました。

第6章　行動変容：環境を変えると行動が変わる | 91

　注目と関心によって維持されている困った行動は、無視することで社会的な強化子を与えないようにすることが効果的です。しかし、無視を始めると、まさお君のようにあの手この手で、相手の注意を引こうとし始めます（**消去バースト**）。そのため、もっと悪くなったと感じられるのです。それでも、忍耐して無視しつづけると成果を見ることができます（逆に、行動が激しくなったときに無視しきれなくなって反応してしまうともっと行動が悪化します。）。その代わり、まさお君が良い行動に切り替えたときは、積極的にほめ、注目してあげるようにすることを忘れないでください。するとお互いにポジティブな関係を築くことができます。

2）行動に焦点をあてたアプローチ

（1）シェイピング（行動形成）

　すでにある程度行動のレパートリーが身についている場合は、良い行動が生じた時に強化すればいいわけです。でも、行動レパートリーが少なく、目標とする行動もほとんど生じない場合には、強化する機会自体がほとんどありません。この場合、どうすればいいのでしょうか。このようなときに有効な方法のひとつがシェイピングという手続きです。これは、目標とする行動に少しでも近い行動が生じたら強化し、少しずつ目標とする行動に近づけて行く手続きのことです。行動の強度、頻度、型、正確さなどいろいろな側面を変えることができます。シェイピングを行うためには、**分化強化**と**漸次的接近**という手続きを用います。分化強化とは、目標とする行動を強化し、それ以外の行動を強化しない（消去）することです。漸次的接近とは、

強化する目標行動の基準を最終的な良い行動まで徐々に上げてゆく手続きです。必ずしもことばの理解を必要としないので、動物のトレーニング、発達障害児や乳幼児のしつけや教育、ことばだけでは微妙なニュアンスが伝わりにくいスポーツのスキルトレーニングなどで威力を発揮します。

> **シェイピング**：目標とする行動に少しでも近い行動が生じたら強化し、少しずつ目標とする行動に近づけて行く手続きで、分化強化と漸次的接近を使う

> **分化強化**：目標とする行動を強化し、それ以外の行動を強化しない（消去）手続き

> **漸次的接近**：強化する目標行動の基準を最終的な目標行動まで徐々に上げてゆく手続き

ここでは、重度の発達障害児の要求行動のシェイピングを例に説明しましょう。

事例7 通園施設に通う4歳7ヶ月のダウン症児のひろき君。重度の知的障害があり有意味な発語はありませんでした。人とのかかわりは難しかったのですが、唯一療育者が動物のマネをすることをとても喜びました。ひろき君の人とのかかわりや発語のレパートリーを増やすにはどうしたら良いでしょうか？

強化子の選定

全ての療育活動において強力で安定した強化子を見つけることが大切です。ひろき君にとって「動物のマネ」がとても興味を引く活動だとわかったので強化子として使いました。

標的行動❶：療育者への接近行動

発語による要求が難しいこと、人とのかかわりが難しいということから、

まずは療育者に接近したら動物のマネをし（強化）、他のことをしている時は無反応でいる（消去）ようにすると療育者への接近行動が増えてきました。

標的行動❷：療育者に手で触れる

接近行動が十分に増えてきたところで、今度はひろき君が療育者に手で触れたときに動物のマネをし（強化）、他のことをしている時は無反応でいる（消去）ようにすると療育者に手で触れる行動が増えてきました。

標的行動❸療育者の肩に手で触れる

療育者に手で触れる行動が十分に増えてきたところで、肩に触れた時に動物のマネをし（強化）、他の身体部位を触っても無反応でいる（消去）ようにすると療育者の肩に触れる行動が増えました。

標的行動❹発声

療育者の肩に手を触れる行動が増えてきた頃には、ひろき君は面白がって「アー」とか「ウー」などの発語も増えてきました。そこで、ひろき君が何らかの発声をしたときに動物のマネをし（強化）、肩に触れても無反応でいる（消去）ようにすると、発声が増えてきました。

標的行動❺柔らかい発声

発声が増えてくると同時に興奮して奇声も発するようになったので、今度は柔らかい発声をしたときに動物のマネをし（強化）、奇声を発している時は無反応でいる（消去）ようにすると柔らかい発声だけが増えてきました。

標的行動❻「ドウドウ」という語

発声の頻度が増え、さまざまな発声が出るようになったので、「動物」という音に近い「ドウドウ」という語を言ったときに動物のマネをし（強化）、その他の発声の時は無反応でいる（消去）ようにすると「ドウドウ」という語が増えてきました。

このように自由遊び場面のような自然な設定で子どもとかかわりながら、場面に応じた活動性の強化子を使って臨機応変に適切な行動を形成する指導法を**フリーオペラント法**（佐久間，1988；久野・桑田，1988）とか**HIROCO法**（大野ら，1985；杉山，1990）と呼び、我が国の行動分析家がオリジナルに開発したものです。それとは独立にケーゲルら（1987）も、似たような指

導法を開発しています。これらは、無会話の自閉症の子どもの早期療育に有効な指導法です。

プライア（1998）は、シェイピングをうまく行うために10のコツをあげています。

❶十分な強化が得られるように、基準を少しずつ上げる。
❷一時に一つのことだけを教える。
❸基準を上げる前に、できている行動を変動強化する。
❹新しい基準を導入するときは、前の基準を一時的にゆるめる。
❺相手の行動をたえず観察する。
❻常に同じ人が教えるようにする。
❼ある手続きでうまくいかない時は、別のやり方に変えてみる。
❽むやみに練習を中断しない。
❾一度できていた行動ができなくなったら、前の基準に戻ってやり直す。
❿練習は調子が出ているときにやめる。疲れてしまうまでやらない。

シェイピングの手続きは、言葉の十分に発達した子どもや大人にも、大変有効な手続きです（ペットのしつけやトレーニングにも有効）。

（2）チェイニング（連鎖化）

幾つかの行動からなる活動を教えるときは、課題分析を行い、目標行動を決め、順番に強化を行う基準を設定します。たとえば、幼児や発達障害児にはじめて「トイレの後に手を洗う」行動を教えるとします。まず、手洗いの全ての工程を実行しながらできない所をプロンプト（手助け）をして教える方法を全課題提示法と言います。一連の行動連鎖が身につくためには、工程の途中で逸脱や中断がないようにプロンプトして、できるようになった所からプロンプトを外していくようにします。

手を洗う

全課題提示法

練習回数	1	2	3	4	5	6	7	8
1 トイレを出て水道に近づく	V	V	+	+	+	+	+	+
2 蛇口をひねって手を濡らす	G	G	G	G	G	+	+	+
3 石鹸をつけて手をこする	P	P	P	P	M	M	M	+
4 手をすすぐ	P	G	G	G	+	+	+	+
5 蛇口を閉める	G	G	G	G	G	+	+	+
6 タオルで手を拭く	V	G	G	+	+	G	+	+
達成数	0	0	1	2	3	4	5	6

評価コード：＋：自立、V：言語指示、G：身振りプロンプト、
P：身体プロンプト、M：モデルプロンプト

　プロンプトは、対象とする行為や物に注意を向けさせることが大切です。そのために、プロンプトを受ける側は、人にある程度関心があり、人に注意を向けたり、模倣したり、動作を短時間憶えて実行できる、接触を嫌がらないといったような特質が必要です。しかし、発達障害児、特に自閉症児の中には、上記のことが苦手な子どもがいます。そのような場合、後で説明するように環境の中に手かがりとなりやすい刺激を設定して目標とする行動の遂行を援助する方法（**視覚プロンプト**）を併用すると良いでしょう。さらに、プロンプトしてできた場合も、強化の手続きを忘れないように気をつけます。

❶ トイレを出て水道に近づく

❹ 手をすすぐ

❷ じゃぐちをひねって手をぬらす

❺ じゃぐちをしめる

❸ 石けんをつけてこする

❻ タオルで手を拭く

手を洗う順序

援助を減らす：フェイドアウト

　プロンプトするときに気をつけなければならないのは、「反発の原理」でも言ったようにあまりに言葉かけが多かったり、指示が多すぎると、相手の人は反発してしまうことがあるということです。また、将来的にプロンプトがなくても行動を遂行できるように計画するならば、なるべく刺激価の弱いプロンプトを用い、徐々にプロンプトをなくしていくという手続きが必要です。また使うプロンプトは効果的なものを1つと決めて行います。言語プロンプトはなくすのが難しいので注意して使いましょう。

逆行連鎖

	練習回数	1	2	3	4	5	6	7
1	かばんから荷物を出す	親	親	親	親	親	親	本
2	時間割を確認する	親	親	親	親	親	本	本
3	翌日使う、使わない物分別	親	親	親	親	本	本	本
4	翌日使うものを出す	親	親	親	本	本	本	本
5	教科書とノートを分ける	親	親	本	本	本	本	本
6	かばんに荷物を入れる	親	本	本	本	本	本	本
7	使わない物を直す	本	本	本	本	本	本	本

親：保護者がやってあげる　　本：本人にやってもらう

　行動連鎖の全ての工程を一度に習得するのが難しい人には、1工程ずつ教えるのが良いでしょう。表のように翌日の荷物の準備をする活動を一番後ろの工程から教えて、前にさかのぼって教える方法を逆行連鎖と言います。小さいお子さんや知的に重度の人にスキルを教えるのに向いています。

順行連鎖

練習回数	1	2	3	4	5	6	7
1 かばんから荷物を出す	本	本	本	本	本	本	本
2 時間割を確認する	親	本	本	本	本	本	本
3 翌日使う、使わない物分別	親	親	本	本	本	本	本
4 翌日使うものを出す	親	親	親	本	本	本	本
5 教科書とノートを分ける	親	親	親	親	本	本	本
6 かばんに荷物を入れる	親	親	親	親	親	本	本
7 使わない物を直す	親	親	親	親	親	親	本

親：保護者がやってあげる　　本：本人にやってもらう

表のように前の工程から1つずつ順番に教えていく方法を順行連鎖と言います。

（3）他行動の分化強化

事例8　6歳のさとる君は、家のドアの開け閉めが乱暴で、いつも大きな音をたてていました。その度に、お母さんは「そんなことしちゃダメじゃないの！」と叱っていましたが、さとる君は知らんふりでした。どうしたら良いでしょうか？

　他行動の分化強化は、ある一定時間、困った行動が生じていないときに強化子を与える手続きです。アドバイスをもらったお母さんは、さとる君が静かにドアを開け閉めするとき彼を抱きしめて誉めました。乱暴に開け閉めする時は無視しました。しばらくすると、彼は静かにドアを閉めるようになりました。

（4）競合できない行動を教える

事例9　中学2年のたかし君は、授業中、他の生徒をつついたり、おしゃべりをしたりして、全く授業に集中しませんでした。どうしたら良いでしょうか？

　競合できない行動を教えるのは、困った行動とは同時に生起できない代わりとなる行動を強化する手続きです。先生は、たかし君が授業中手を上げて発言したり、自習中静かに課題に取り組んだりすると、みんなの前で誉めました。その結果、たかし君の授業態度は良くなり成績も向上しました。

（5）新しいレパートリーを教える

事例10 まさたか君は、学校の友だちも少なく、昼休みは何もすることがありませんでした。退屈したまさたか君は、時々同級生の上履きや筆箱を隠すことがあり、みんなの困った姿を見て喜んでいました。どうしたら良いでしょうか？

　新しい行動レパートリーを教えるのは、子どもの困った行動に対して、直接介入するのではなく、いろいろな生産的な行動レパートリーを教えてあげる手続きです。適切な行動が増えてくれば、相対的に困った行動は減少します。担任の小林先生は、まさたか君が将棋好きなのを知り、同じように将棋好きのあきら君にまさたか君の将棋相手になってくれるように頼みました。その後、まさたか君は困ったことをしなくなっただけでなく、昼休みも楽しく過ごせるようになり、友だちもできました。

事例11 入所施設で生活しているまさひこさんは、知的にも重度で、施設で行っている作業はあまり取り組めませんでした。しかし、暇な時には、庭木の葉っぱをちぎったり、水道で水遊びをしたり、自室で自慰にふけることが多くありました。どうしたら良いでしょうか？

　まさひこさんのように施設や病院などで利用者が取り組めるような活動が十分に提供されていない場合に、自己刺激行動にふける場合があります。そこで、まさひこさんが好きで取り組める調理や絵画などの活動を取り入れました。また、水遊びをする代わりに、庭木の水遣り、トイレやお風呂の掃除を、葉っぱちぎりの代わりに新聞ちぎりなどの活動を取り入れて、一日を充実して過ごせるようにしたところ不適切な行動が減ってきました。望月（2001）は、正の強化を受ける行動機会の選択肢を増大させることを行動的QOLと呼び、行動的QOLの増大が困った行動を減少させることを示しました。

3）先行事象に焦点をあてたアプローチ（先行操作）

（1）良い行動が生起しやすいように環境を整える
　2章3節の行動の法則「弁別の原理」を思い出してみてください。

> **弁別の原理**：行動は、強化の先行条件によって引き起こされ、弱化の先行条件に
> よって抑えられるようになります。

　私たちは、環境上の複雑で微妙な手がかりを区別して、適切に行動することができます。その中でも特に「言語」は非常に抽象的で恣意的な手がかりです。「言語」は、人々とのコミュニケーションの他にも、物事の認識や理解、思考、行動の制御など人間の様々な活動に関っています。まさに私たちは「言語世界」に住んでいると言っても過言ではありません。しかし、知的障害の重い子どもや自閉症児は、そのような抽象的で複雑な手がかりを区別して適切に振舞うことが苦手です。そこで、先行条件である環境上の手がかりを整えることによって、適切な行動が生じやすいように援助することができます。TEACCHプログラムにおける「構造化のアイディア（Mesibov, Schopler, & Hearsey, 1994)」は、環境上によりわかりやすい手がかりを設定することで行動を支援する工夫の例です。ここでは、構造化のアイディアの中でも物理的構造化、視覚的な合図、活動スケジュール、ワークシステムについて紹介し、その有効性について島宗（2000）の行動随伴性に沿って解説します。

物理的構造化

　たとえば、身近な例として自室で勉強している受験生の行動を考えてみましょう。自室に、勉強の道具以外にも、テレビ、ゲーム、雑誌などが置いてあると、勉強に飽きてくると、余計なものについつい手が伸びて、集中できなくなってしまいます。そこで、図書館行ったり、予備校に行ったりするわけです。勉強の妨げになるような誘惑がないので勉強に集中できるといったことがあります。このように、ある活動の妨げになる刺激をなくしたり、弁別の原理によって活動をする場所や手がかりが確立されたりすると、その場所や手がかりによって活動が促されやすくなります。このように場所や空間、状況なども私たちの行動を統制する重要な刺激となります。このような刺激を**文脈刺激**といいます。

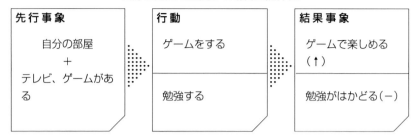

事例12 ゆうじ君は、食事中に頻繁に席を立っていました。家庭の様子を観察してみると、食卓の近くにテレビやおもちゃなど興味が引くものがたくさんあることが分かりました。どうすれば良いでしょうか？

　食事の時は、台所のテーブルに移動しテレビを消すことにしました。また、おもちゃも子ども部屋のケースに収納するようにしました。ゆうじ君が座る場所も壁側にして、お母さんがブロックするように座り、逃げ道をガードしたのです。すると、ゆうじ君は、席を離れずに最後まで食事をすることができるようになりました。

視覚的な合図

　海外旅行に行ったことのある人は、誰でも言葉の壁にぶつかって困った経験があるでしょう。たとえば、レストランのメニューに書いてある文字を見てもどんな料理なのか分からないし、どうやって注文したらいいのか分から

TVを見ている場面と図書館で勉強している場面

ない。しかし、ファーストフード店や日本のファミリーレストランではメニューが写真になっていて、一目でどんな料理なのかが分かります。注文もそのメニューを指させば、簡単にできます。このように、話し言葉や文字に比べると、写真とか絵、ジェスチャーの方が、具体的で分かりやすい手がかりと言えます。さらに、小さい子どもでも、車の鍵を見せたら「ドライブに行く」とか、スプーンを出したら「ごはんの時間」ということが分かります。「車の鍵」とか「スプーン」といったそれぞれの活動で使う「モノ」も具体的で分かりやすい手がかりです。

ことばの通じない外国で文字メニューで注文する場合の随伴性

第6章　行動変容：環境を変えると行動が変わる

ことばの通じない外国で写真メニューで料理を注文する場合の随伴性

活動スケジュール

　私たちは、時計や手帳を見ながら、日々の予定や活動をこなしています。しかし、文字を読む、聞いた予定を手帳に書く、カレンダーや時計を見ながら予定を確認するといった行動レパートリーを身につけるのが難しい子どもでも、本人に合った方法で活動を順番にこなすことを教えることができます。文字の代わりに活動を表わす写真や絵、具体物を順番に提示して、それを手がかりに活動を順番に行うことを強化の原理によって教えることができます。また、その日やるべきことや約束などをノートやメモに書いておくと忘れずに済みます。

予定が口頭で説明される場合の随伴性

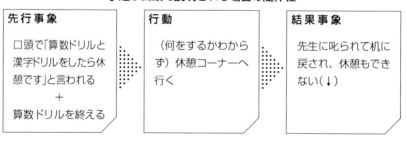

予定が視覚的にわかりやすく提示される場合の随伴性

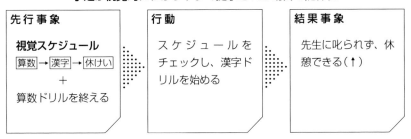

ワークシステム（活動の終わりの見通しを視覚的に示したもの）

　私たちは、反復的に練習することで、長くて複雑なプロセスのある活動もある程度習得することができます。そのような複雑なプロセスのある活動を習得するのが難しい子どもに、活動の手順に関する手がかりを示すことで活動の習得を容易にすることができます。また、その活動が終わった後に何があるか（ご褒美が用意してあるなど）について見通しが持てると動機付けを高めることができます。

　たとえば、着替えの順序が分からない子どもに、着る順番に服を提示してあげるとか、その順番を絵や写真で示してあげると上手くいくことがあります。

着替えの手順がよく分からない場合の随伴性

着替えの手順が視覚的にわかりやすく提示される場合の随伴性

先行事象	行動	結果事象
着替える順にパンツ、シャツ、ズボン、上着が重ねてある ＋ デザートのカード	上から順番に服を取って着る	母親に叱られずデザートを食べられる（↑）

　その他様々な構造化のアイディアがあります。詳しくは、TEACCHプログラムに関する本を参照してください（Mesibov, Schopler, & Hearsey, 1994；佐々木, 1993；Schopler, Mesibov, & Hearsey, 1995）。

（2）困った行動を改善するために環境を整える

事例13　事例2で紹介した家具を引っ繰り返してしまうかよ子さんは、過剰修正法によって行動を改善することができました。しかし、過剰修正をしようとすると自傷や癇癪が激しくなる人や行動障害が激しい人などは、難しい場合があります。そのような場合どうすれば良いでしょうか？

　困った行動が起きないように予防的に環境設定を調整する方法があります。困った行動を直接止めさせるのが難しいとき、生産的な行動に置き換えるのが難しい時に有効です。その場合は、家具がひっくり返らないようにネジや釘で固定し、重くて頑丈な家具にすることで、破壊的な行動を予防することが出来ます。つまり環境を整えて、困った行動が強化されないようにする（消去される）のです。

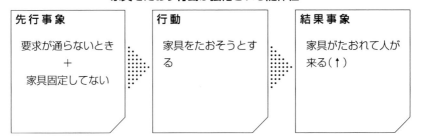

4）確立操作に焦点をあてたアプローチ

事例14 入所施設で暮らしているのり子さんは、食事をみんなと一緒に食堂でとっていましたが、なかなか食が進まず最後まで残っていました。そして、みんなが食堂を出た後にやっと普通に食べ始めるのでした。のり子さんは、大勢の人がいて騒々しい所で活動をするのが苦手でした。どうすれば良いでしょうか？

自閉症や重度の発達障害の人は、感覚的な過敏性や知覚的な過敏性を持っている人が多く、ちょっとした騒音、温度や湿度の変化、物の位置や配置、活動の順序の変化に弱い場合があります。また、コミュニケーションも障害があるので、頭痛、歯痛、空腹、疲労、睡眠不足などの身体的な不調を訴えることに困難を持ちます。その場合、先に紹介した「構造化のアイディア」など個々人の特性に合わせた対応が必要になります。のり子さんの場合は、時間をずらして静かなときに食べるようにした所、順調に食事をすることができるようになりました。

騒がしい環境で食べるときの随伴性

確立操作	先行事象	行動	結果事象
大勢の人がいて騒々しい	食堂で	食事をする	おいしく感じられない（↓）

静かな環境で食べるときの随伴性

確立操作	先行事象	行動	結果事象
他人がいなくて静か	食堂で	食事をする	おいしく感じられる（↑）

事例15 作業所で働いているしょうじさんは、作業を続けていると、急に声を上げ始め自傷をすることが多くありました。職員に聞いてよく調べてみると、彼は暑さに弱く、汗をかくようになると調子を崩して自傷をするということでした。どうすれば良いでしょうか？

そこで、しょうじさんの作業場所にクーラーの冷風が向くように調整した所、調子よく作業をすることができるようになりました。

暑い作業所で働くときの随伴性

確立操作	先行事象	行動	結果事象
いつもより暑い日	作業所で作業	声をあげて自傷	休憩コーナーへ移動（↑）

作業所にクーラーを設置したときの随伴性

確立操作	先行事象	行動	結果事象
クーラーから冷気	作業所で作業	作業する	快適に作業が完了(↑)

事例16 授産施設で働くしげおさんは、工場から委託された仕事を毎日こなしていました。しかし、生活のリズムが乱れやすく、睡眠不足の日は、職員が少しでも指示をすると声をあげて叩こうとしました。どうすれば良いでしょうか？

そこで、疲れた時に横になって休めるように、休憩場所にソファーを置きました。すると、彼は疲れているときは、ソファーで休むようになり、暴力をふるうことが少なくなりました。

寝不足のときの随伴性

確立操作	先行事象	行動	結果事象
寝不足で	作業中、指示をされる	声をあげて職員を叩く	それ以上指示されない(↑)

第6章　行動変容：環境を変えると行動が変わる

昼寝をしたときの随伴性

確立操作	先行事象	行動	結果事象
昼寝をしてから	作業中、指示をされる	指示に従って作業する	それ以上指示されない(↑)

無気力の学習

　1967年にM．セリグマンとマイヤーが、犬が電気ショックを回避する条件付けの研究を行っているときに偶然に発見しました。まず、床に電気ショックを流し物理的に犬が逃げられないような状況を作りました。そしてA群の犬はスイッチを押すと電気ショックを回避でき、B群の犬は何も操作はできずA群の犬と同じ回数電気ショックを受ける条件を作りました。

　その後、両方の群の犬に対して自由に床から離れて電気ショックを回避できる状況にしました。A群の犬は床を離れて電気ショックを回避しましたが、B群の犬のほとんどが回避しようとせずじっとしていました。

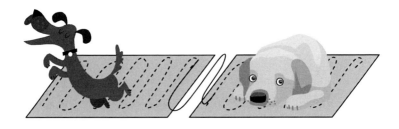

セリグマンは同じように電気ショックを受けているにもかかわらず状況をコントロールできないB群の犬は無気力を学習したとして「**学習性無力感**」と呼びました（注：セリグマンは認知心理学者でありこのような仮説構成体の用語を使う）。これはうつ病の心理モデルとされています。この後、セリグマンは動物を使った実験をやめて、この理論を実社会において発展させ、失敗や挫折にめげずに前向きに生きている人は、**楽観主義**（optimism）的な考えを持っており、健康で長生きをし、人生でも成功をおさめている人が多いと述べています。

練習問題1　子どもの行動を変えるのに注目すべき点は次のどれでしょうか？
　　　　　a）行動、b）感情、c）厳しい態度、d）温かい態度

練習問題2　はじめて自分でズボンをはくことを順行連鎖で子どもに教える際の最初のステップは次のどれでしょうか？
　　　　　a）ズボンを全部はいたらほめる、b）ズボンを取ったらほめる、c）ズボンをはきなさいと言う、d）怒る

練習問題3　子どもに帰宅したら服を着替えることを長続きさせるためにご褒美を使う上での工夫は何ですか？

練習問題4　子どもにお手伝いをさせるようにするためにどういう工夫をすれば良いですか？

練習問題5　お母さんがスーパーで買い物が終わり店を出ようとすると子どもがお菓子買ってと泣き出しました。どうすれば良いですか？

練習問題6　しょっちゅう兄弟げんかをする兄弟がいます。どのように対応しますか？

参考文献

メイザー, J. （著）磯博行・坂上貴之・川合伸幸訳（1999）メイザーの学習と行動. 二瓶社.

グレイ, J. （著）大島渚訳（1993）ベスト・パートナーになるために. 三笠書房.

小林重雄（1982）講座自閉症児の集団適応. －社会的自立をめざす治療教育－. 学研.

小林重雄・杉山雅彦編著（1984）自閉症児のことばの指導. 日本文化科学社.

小林重雄（監修）山本淳一・加藤哲文編著（1997）応用行動分析学入門. －障害児者のコミュニケーション行動の実現を目指す－. 学苑社.

Koegel, R. L., O'Dell, M. C., & Koegel, L. K. (1987) A natural language teaching paradigm for nonverbal autistic children. *Journal of Autism and Developmental Disorders, 17*, 187-200.

久野能弘・桑田繁（1988）フリーオペラント技法による自閉症児の言語形成（その2）. 上里一郎（編），心身障害児の行動療育. 同朋舎，94-129.

Mesibov, G. B., Schopler, E., & Hearsey, K. A. (1994) Structured Teaching. In E. Schopler & G. B. Mesibov (Eds.), Behavioral Issues in Autism, 195-207.

杉山尚子・島宗理・佐藤方哉・マロット, R. W.・ウェイリィ, D. L.・マロット, M. E. （1998）行動分析学入門. 産業図書.

大野裕史・杉山雅彦・谷晋二・武蔵博文・中矢邦夫・園山繁樹・福井ふみ子（1985）おわゆる「フリーオペラント」法の定式化－行動形成法の再検討－. 筑波大学心身障害学研究，9(2)，91-102.

Premack, D. (1959) Towards empirical behavior laws. Ⅰ: positive reinforcement. *Psychological Review, 66*, 219-233.

Premack, D. (1965) Reinforcement theory. In D. Levine (Ed.), Nebraska Symposium on Motivation, University of Nebraska Press, Lincolin.

プライア K.（著）河嶋孝・杉山尚子訳（1998）飼い猫から配偶者まで－. うまくやるための強化の原理－. 二瓶社.

佐久間徹（1988）フリーオペラント技法による自閉症児の言語形成－構音困難

を伴う自閉症児に対するワン・サウンド・センテンスの試み－（その1）．上里一郎（編），心身障害児の行動療育．同朋舎，62-93.
佐々木正美（1993）自閉症療育ハンドブック．－TEACCHプログラムに学ぶ－．学研．
Schopler, E., Mesibov, G. B., & Hearsey, K. (1995) Structured teaching in the TEACCH system. In E. Schopler & G. B. Mesibov (Eds.), Learning and Cognition in Autism, pp.243–268.
マーティン・セリグマン（1991）オプティミストはなぜ成功するか．講談社．
Horner, R. H., Vaughn, B. J., Day, H. M., & Ard, W. R. (1996) The relationship between setting events and problem behavior: Expanding our understanding of behavioral support. In L. K. Koegel, R. L. Koegel, & G. Dunlap (Eds.), *Positive behavioral support: Including people with difficult behavior in the community* (pp. 381–402). Baltimore: Paul H. Brookes Publishing Co.
Lerman, P. C., Iwata, B. A., & Wallace, M. D. (1999) Side effects of extinction: Prevalence of bursting and aggression during the treatment of self–injurious behavior. *Journal of Applied Behavior Analysis*, 32, 1–8.
望月昭（2001）行動的QOL：「行動的健康」へのプロアクティブな援助．行動医学, 7(1), 8-17.

7章　行動問題に対するポジティブなアプローチ

1. ポジティブな支援アプローチ

　従来の行動的な支援方法としての行動変容法は、主に「行動と結果」との関係に焦点を当て、行動を維持している随伴性をあまり考慮しないで、困った行動には弱化子の提示あるいは強化子の除去（弱化の手続き）、良い行動には、強化子の提示あるいは弱化子の除去（強化の手続き）を単純に当てはめる方法でした。それに対して、行動の機能を調べ、行動を維持している随伴性を詳細に分析し対処法を考える方が、効率的かつ効果的に問題を解決することができます。

　また第5章の「理論的分析」でも述べた通り、行動を分析する枠組みについても、確立操作という分析枠の拡大が試みられました。従来の先行事象、行動、結果事象といった行動随伴性の枠組みでは、行動が生じている場面での微視的な分析には威力を発揮しても、生活全体を視野に入れた分析ができませんでした。それに対し、確立操作という枠組みの拡大を行うことで、より巨視的な分析とアプローチが可能となりました。先行事象（Antecedents）、行動（Behavior）、結果事象（Consequences）に、確立操作（Establishing Operation）を加えて、行動を分析する枠組みを **ABCE 分析** と呼んでいます（園山, 1999）。

　新しいポジティブな対処法（ケーゲルら, 1996；カー ら, 1994）では、A：先行事象やE：確立操作に応じる予防的な対処法と、機能的に等価な適切なB：行動を教えるという2つのアプローチを用いています。以下のような手順で系統的に問題解決を図ってゆきましょう。

問題解決の手順

❶ケース検討のチーム作り
❷行動の検討と明確化
❸行動のアセスメント
❹行動の機能の特定化と対処法の計画
❺実施と記録
❻結果の評価と新たな対策

　検討チームには、情報収集と問題解決の両面から本人にかかわるできるだけ多くの人が関与することが大切です。チームのメンバーとして対象者の親、学校の教師、あるいは施設の職員、コーディネーター、行動問題や障害に詳しい

専門家、協力を要請したい社会資源の職員（福祉行政の職員やヘルパーなど）が集まると良いでしょう。次にチームの中で第3章の手続きを参考にして行動目標を決めます。具体的、客観的な用語で、行動上の問題を明確にします。その行動はそもそも問題なのか、本当の問題は何かということも考え直す必要があるかもしれません。問題が多数ある場合は、改善の優先順位をつけて1つに絞って取り組みましょう。

2. 行動問題のアセスメント

　行動の機能を明らかにすることで、行動問題の原因を探ることを機能的アセスメントといいます。どういうE：確率操作やA：先行事象のもとで、そのB：行動が生じ、そのC：結果事象にどういう対応や対処がされ、どういう変化が生じているのかを調べるのです。機能的アセスメントには、関係者に面接や質問紙（動機づけアセスメント尺度；Durand & Crimmins, 1988）を行う方法と、直接観察を行う方法があります。後者として、第3章で紹介したABC記録は、機能を特定する上で役立つ記録法です。ABC記録の際は行動問題のみでなく良い行動にも目を向けて記録するようにします。そうすることで安定して過す時の環境事象について重要な情報が得られます。図7-1は、より簡便に記録できる用紙です。他にも結果事象を実験的に操作して行動の機能を検証する機能分析という方法もあります。

　この記録フォームの例では、しょういち君の学校でのさまざまな行動問題について、どの時間帯で、どんな行動が、どんなかかわり方で、どの場面・対応者で起こり、どういう対応をしているかが一目でわかります。表の下にあるように日付毎に数字を区切ることで頻度も記録できます。各項目は必要に応じて任意に設定してください。行動の機能についてもある程度の予想が出来ます。

　これ以外の重要なアセスメント情報として、過去の行動問題の形成過程、健康・医療的な情報、身体的・生理的な不調要因、コミュニケーション手段、ライフスタイル（生活スケジュール、対象者の好み、嫌悪的な事象、生活地図）があります。これらは、以下の対処法を考える上で重要な情報になります。

時間	行動								関わり・刺激				場面			対応者			対応			予想される機能						備考
																						獲得		拒否・回避				
	人を叩く	大声で叫ぶ	自傷	指示・命令	難しい課題	課題の変更	場所の移動	他児の奇声					一人	授業中	給食	田中先生	山田先生	鈴木先生	無視	叱責	阻止する	注目	物・活動	指示	課題	人	不明	
9:00	①②⑥	①②⑥		①②⑥										①②⑥		①⑥	②		①		②⑥			①②⑥				
10:00		③⑨		③⑨										③⑨		③	⑨		③⑨					③⑨				
11:00	⑦	⑦		⑦										⑦			⑦		⑦									
12:00	⑧⑩	⑧⑩											⑧⑩	⑧⑩		⑧⑩			⑧⑩					⑧⑩				
13:00	⑪			⑪										⑪		⑪			⑪						⑪			
14:00	④⑤	④⑤		④⑤										④⑤		④⑤			④⑤					④⑤				
15:00		⑫											⑫			⑫			⑫							⑫		

①②③④⑤
11/10

⑥⑦⑧
11/11

⑨⑩⑪⑫
11/12

⑬⑭⑮⑯⑰⑱⑲⑳・・・

図7-1 しょういち君のさまざまな問題行動を日付、時間、場面、対応者、対処、行動の機能毎に記録するフォームの例（O'Neil, Horner, & Albin, 1990）

記入の手順

- ①②③・・・の数字は、生起した順に割り振った行動の番号です。
- 最初の行動①は、11月10日9時代に大声をあげて人を叩くで、田中先生が授業中に指示をしたために起りました。対応として先生は無視をしました。そこで表の中で該当する項目に①を記入します。予想される機能は指示の拒否や回避です。
- 次々と起った行動について番号を振って同じように記入してゆきます。
- 11月10日に起った行動は⑤までだったので、そこで線を引き日付を書きます。
- 1枚の用紙で数字がいっぱいになるまで一週間くらい記入できます。

3. 行動の機能の特定と対処法の計画

　アセスメントの記録を見て行動の機能を特定します。先のしょういち君の記録フォームを見てみると、主な行動問題は、人を叩いたり、大声で叫んだりすることであるのがわかります。機能を見てみると授業中に先生が指示を出したときの拒否、課題を変更した時の拒否、先生からの注目であることが予想できます。行動の機能を特定したら、機能に応じてA：先行事象、B：行動、C：結果事象、E：確率操作から導かれる対処法を計画します。

　図７－２のようにより簡便に行動の機能を特定するためのフォームもありますので参照してください。しょういち君の場合、このフォームで特定される機能は、④⑤⑦ということになります。

❶不適切な行動によって、身体の不調や痛み、不安を表現する。

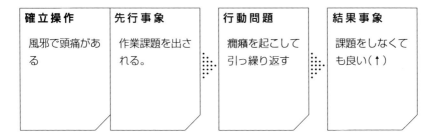

確立操作	先行事象	行動問題	結果事象
風邪で頭痛がある	作業課題を出される。	癇癪を起こして引っ繰り返す	課題をしなくても良い(↑)

　風邪による頭痛や歯痛、腹痛、便秘、寒暖の変化、寝不足などでぐずる、かんしゃくをおこすなどが考えられます。

〈確立操作に焦点をあてたアプローチ〉

　頭痛、歯痛、てんかんの弱い発作で、暴れはじめるような場合もあります。まず、医療機関に相談して治療することが大切です。また、身体的な変調に陥らないように健康管理に心がけることも大切です。

スタート

| その行動は、子どもの不調や痛み、不快で出やすい、orその表現ですか？ | ┄はい→ | ①身体の不調や痛み、不安の表現 |

↓いいえ

| その行動は、好きなことへの没頭や常同行動、感覚遊びですか？ | ┄はい→ | ②感覚刺激や好みの活動の獲得 |

↓いいえ

| 与えている課題や作業、活動が難しい、or人や物、刺激が好きでないためにその行動をしていますか？ | ┄はい→ | ③嫌な活動、人、物、刺激からの回避 |

↓いいえ

| 先の見通しがわからない、予定・物・人・場所・活動が変わる、新しい物・人・場所・活動への不安の表現 | ┄はい→ | ④変化や新奇刺激からの回避 |

↓いいえ

| あなたの指示が子どもに伝わっていない、or拒否するために、その行動をしていますか？ | ┄はい→ | ⑤指示が伝わらないことに対する拒否 |

↓いいえ

| なにか要求があるときに、適切に要求する方法を知らず、不適切に要求しているようですか？ | ┄はい→ | ⑥物や活動の要求 |

↓いいえ

| 誰かの注意を引いたり、かまってもらいたいときに適切な方法を知らないで、不適切にそれをしていますか？ | ┄はい→ | ⑦不適切な形での注意の獲得 |

図7-2 行動問題の機能を考えるためのフローチャート（免田，1998を参考に修正したもの）

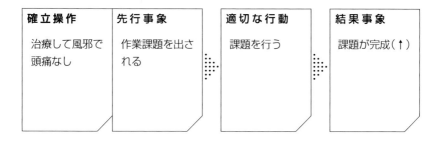

〈先行事象に焦点をあてたアプローチ〉

　自閉症児は、予定の変化や見通しが立たない状況で不安や緊張を示します。前節で紹介した構造化のアイディアを用いて、環境を整えることで改善します。

〈行動と結果事象に焦点をあてたアプローチ〉

　「〜が痛い」とか「気分が悪い」など不調を訴える適切なコミュニケーション行動を教え、訴えがあったら治療を受けさせる、休憩させる、課題を減らすなどの対処を施します。

確立操作	先行事象	行動問題	結果事象
体調が悪い	作業課題を出される	課題をひっくり返す	課題をせずに休める(↑)

確立操作	先行事象	代替行動	結果事象
体調が悪い	作業課題を出される	「不調です」カードを職員に渡す	課題をせずに休める(↑)

❷困った行動をすること自体が楽しい、こだわり行動や自己刺激行動。

確立操作	先行事象	行動	結果事象
口の触感覚、味覚の異常があり、しばらく口に何も入れてない。	地面に葉っぱが落ちている。	葉っぱを拾って口に入れる。	感覚的な強化子(↑)

　自閉症などの発達障害の中には感覚異常の人がおり、しかも環境の刺激が乏しいことから、自己刺激行動や異食を行うことがあります。本やモノを破ったり壊したりすることが楽しい、不適切なこだわり行動を繰り返す、自己刺激行動によって快適な感覚刺激を得る、葉っぱや砂などを口に入れる、食べるといった行動が見られます。

〈確立操作に焦点をあてたアプローチ〉

　知的障害が重度から最重度の人の中には、自傷や自己刺激行動を行うことで感覚的な強化子を獲得している場合があります。このような人には、一日のプログラムの中に、適切な形で感覚刺激を積極的に提供するような活動を入れると自傷や自己刺激行動が減ると言われています。また、あまりに行動レパートリーが乏しいために自傷や自己刺激行動が暇つぶしのようになっているのかもしれません。葉っぱや砂など食べられないものを口に入れるとか食べるといった異食に対して、口寂しさを補う別のもの（ガムなど）を提供することも考えられます。

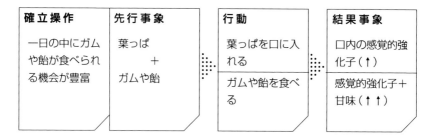

〈先行条件に焦点をあてたアプローチ〉

　異食に対して、葉っぱや砂などが簡単に手に入らないように環境を整えると良いでしょう。

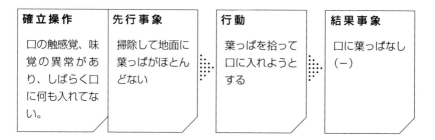

〈行動に焦点をあてたアプローチ〉

　知的障害が中度以上の人には、社会的により容認できる適切な代替行動を

第7章　行動問題に対するポジティブなアプローチ ｜ 123

教えると非常に効果的です（代替行動の分化強化）。自閉症のこだわり行動などは、それ自体をなくすことは非常に困難です。何でも紙をちぎってしまう人の場合、時と場所を決めて、いらない雑誌や新聞などを用意してちぎるように教えます。庭木の枝折りをする人には山の薪を集めて折る仕事をしてもらうとか、水遊びの好きな人に、風呂掃除やトイレの掃除を教える、洗剤の好きな人に洗剤の検品の仕事をしてもらうなど様々な成功例があります。このような代替行動を考えるときにライフスタイルに関するアセスメントで、どういう時間帯や活動で安定して過ごせているのか、どういう物や活動が好きなのかといった情報が役に立ちます。

　より積極的に従事できて目的的な活動を増やしてポジティブな行動レパートリーを形成することで、相対的に不適切な行動が減る場合もあります。

〈結果事象に焦点をあてたアプローチ〉

　葉っぱに辛子を塗る（弱化子の提示による弱化）ことで成功した例もあります。

❸不適切な行動によって、嫌な活動、人、物、刺激から回避する。
　環境の不快な刺激を遮断する

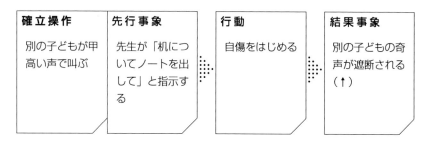

　自閉症などの発達障害を持った子どもは、私たちと比べて感覚的な感受性が非常に過敏だったり鈍感だったりします。そのため、他の障害児のちょっとした奇声や騒音に対して過敏になり、耳を押さえたり、自己刺激行動や自傷によって感覚遮断を行ったりすることがあります。また、過去の不快な経験と場面とが結びつきやすく、その場面が習得性の弱化子となって、困った行動を引き起こすことがあります。

〈確立操作に焦点をあてたアプローチ〉
　静かな部屋を準備する、不快な経験を思い出させる刺激をなくすなど環境調整を行います。また不安や緊張をほぐすためのリラクゼーションを施し、過敏性を緩和します。

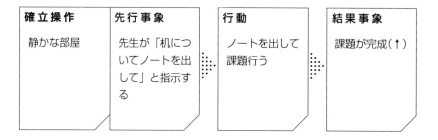

〈先行事象に焦点をあてたアプローチ〉
　嫌悪的な言葉かけによる指示を減らします。言葉かけに頼らない視覚的な

指示を出すことで嫌悪刺激を減らします。

確立操作	先行事象	行動	結果事象
ことばかけが理解できない	先生が「机についてノートを出して」と視覚的指示を出す	ノートを出して課題を行う	課題が完成(↑)

不適切な行動によって、環境の不快な刺激、人を避ける。

確立操作	先行事象	行動	結果事象
難しい作業課題が出される	先生が間違いを指摘しやり直させようとする	癇癪を起こし、引っ繰り返す	課題をしなくても良い(↑)

かんしゃくによって嫌いな課題、声かけ、指示を中断させる。他害によって、嫌な人を接近させない。

〈先行事象に焦点をあてたアプローチ〉

課題が難しい場合は、本人に分かりやすい課題を用意したり、環境を整えたりします。

確立操作	先行事象	行動	結果事象
わかりやすい作業課題が出される	先生は少しの指示	課題を行う	課題が完成する(↑)

〈行動と結果事象に焦点をあてたアプローチ〉
　嫌な場面や人を避ける場合は、その場を立ち去る、避難場所に逃げ込むなど適切な方法を教えます。あるいは、難しい課題に対して「分かりません」「教えてください」「手伝ってください」、嫌いな食べ物に対して「減らしてください」などの援助を要求することを教えます。

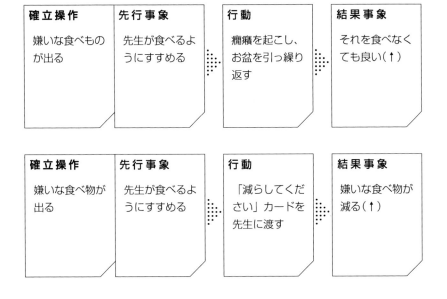

❹困った行動によって変化や新奇刺激から回避する
　自閉症などの発達障害の子どもは、予定がわからないことや見通しが立たないことに強い不安を感じたり、慣れた物、人、場所、活動が変わることに対して激しく抵抗したりすることがあります。こういった場合には、6章の先行事象に焦点をあてたアプローチで紹介したように、視覚的な合図や視覚的なスケジュールを使って、予定や変化を予告してあげることが役に立ちます。

❺困った行動によって指示が伝わらないことに対して拒否する
　コミュニケーションに障害のある子どもでは、ことばによる指示が十分に伝わらず、拒否的反応を示すことがあります。こういった場合も、6章の先行事

象に焦点をあてたアプローチで紹介したように、視覚的な合図を併用して分かりやすい指示を出すようにこころがけましょう。

あるいは支援者側が、子どもに対して難しい過度な要求をしていて、子どもに拒否される場合もあると思います。たとえば、先生が嫌いな給食のおかずを無理やり食べさせようとすると、生徒が食器を放り投げるといった場合です。

❻困った行動によって、好きな物、活動を要求する

確立操作	先行事象	行動	結果事象
他児がお気に入りの玩具で遊んでいる	近くに先生がいる	癇癪を起こす	先生が好きな玩具を渡す(↑)

これは、欲しい物、活動がある時に、自傷、他害、かんしゃくを起こすといった場合です。

〈先行事象に焦点をあてたアプローチ〉
　本人が、好きな活動や好きな物で遊べる活動、おやつを食べる活動を一日のプログラムにできるだけ多く設定するようにします。

〈行動と結果事象に焦点をあてたアプローチ〉
　適切に物や活動を要求したり、選択したりするコミュニケーション行動を教えます。適切に要求ができたら、その物や活動を提供してあげます。

確立操作	先行事象	行動	結果事象
他児がお気に入りの玩具で遊んでいる	先生がそばにいる	適切に要求する	活動を提供する（↑）
		癇癪を起こす	活動を提供しない（−）

❼不適切な行動によって、注目や関心を得る。注意を引くためにわざと悪いことをする。

確立操作	先行事象	行動	結果事象
注目を得る機会が少ない	先生がそばにいて、他の子どもをかまっている。	大声を出す	先生が来て「どうしたの？」（↑）

〈確立操作に焦点をあてたアプローチ〉
　人と楽しく関れる活動を一日のプログラムに多く設定するようにします。

〈結果事象に焦点をあてたアプローチ〉
　困った行動には決して注目や関心を与えず、良い行動に対して注目や関心を与える（他行動分化強化）ことで改善します。

確立操作	先行事象	行動	結果事象
本人のスキルで参加できる様々な活動がある	先生がそばにいて、他の子どもをかまっている。	他児と適切に遊ぶ / 大声を出す	先生が積極的に関わる(↑) / 先生が無視する(−)

4. 実施と記録、結果の評価と新たな対処法の計画

　対処法を実施する段階になったら第3章の観察と記録を参考にして、結果を常にモニターし結果を評価するようにしましょう。改善がみられた場合は、次の行動目標へ移ります。改善がみられない場合は、結果を評価したうえで機能の見直しと対処法の計画に戻ります。

練習問題1　行動問題のポジティブなアプローチに関して、問題解決の6つの手順をあげてください。

練習問題2　行動のアセスメントにおいて機能を調べるための記録としては、どんなものがあるでしょうか。それ以外のアセスメント情報としてどんなものが大切ですか。

参考文献

Carr, E. G., Levin, L., McConnachie, G., Carlson, J. I., Kemp, D. C., & Smith, C. H. (1994) Communication-based intervention for problem behavior : A user's guide for producing positive change. Baltimore : Paul H. Brookes.

Durand, V. M., & Crimmins, D. B. (1988) Identifying the variables maintaining self-injurious behavior. *Journal of Antism and Developmental Disorders, 18*, 99–117.

ホーナー，R.・ダンラップ，G.・ケーゲル，R.（編）小林重雄・加藤哲文監訳（1992）自閉症、発達障害者の社会参加をめざして．－応用行動分析からのアプローチ－．二瓶社．

Koegel, L. K., Koegel, R. L., & Dunlap, G. (Eds.) (1996) Positive behavioral support : Including people with difficult behavior in the community. Baltimore : Paul H. Brookes.

ルイセリー，J. K.・キャメロン，M. J.（編）園山繁樹他訳（2001）挑戦的行動の先行子操作．－問題行動への新しい援助アプローチ－．二瓶社．

O'Neil, R., Horner, R., & Albin, R. (1990) Functional analysis of problem behavior : a practical assessment guide. Sycamore.

レミントン，B.（編）小林重雄監訳（1999）重度知的障害への挑戦．二瓶社．

高田博行（1991）障害児の問題行動－その成り立ちと指導方法－．二瓶社．

免田賢（1998）困った行動を減らすには．山上敏子（監）発達障害児を育てる人のための親訓練プログラム．お母さんの学習室．二瓶社，pp. 103－116.

財団法人安田生命社会事業団 IEP 調査研究会（1995）個別教育計画の理念と実践－IEP 長期調査研究報告書－．財団法人安田生命社会事業団．

今本繁・野口幸弘・小林重雄（2000）こだわり活動を利用した－自閉症青年の行動障害．改善－機能アセスメントに基づく代替行動の形成－．特殊教育学研究、37(5)、35－43.

ABC 分析対処法計画フォーム

 (同) ABC 研究所   www.abclab15.com

行動問題の原因のまとめと対応法を考えるシート

対象者		所属	
記入者		日付	

E: 行動問題に関連する確立操作（65〜68頁参照）		
身体・生理的な出来事	物理環境的な出来事	社会環境的な出来事

要因の仮説：（120頁参照）

ABC分析については20〜30頁, 46〜48頁, 116〜118頁参照）

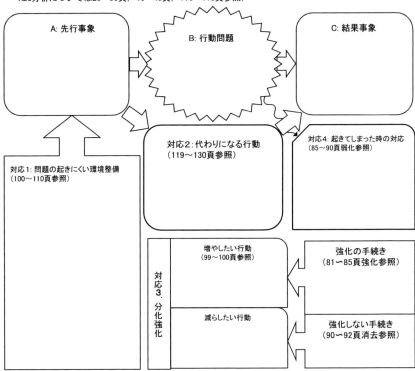

8章 恐怖や不安へのアプローチ

行動には大きく分けて**オペラント行動**と**レスポンデント行動**の2つがあります。7章までに扱ってきた行動は、主に個体により自発され結果により将来の行動の生起確立が影響を受けるオペラント行動と呼ばれるものです。それに対して、恐怖や不安といった情動には、レスポンデント行動と呼ばれる行動が関わっています。

1. 不安や恐怖とは何か？

　私たちは、ある特別な状況に置かれたときに不安や恐怖を感じることがあります。不安や恐怖を感じる対象やその程度は、人によって異なります。不安や恐怖の閾値が低い人は、ちょっとしたことですぐに不安になります。このような人は不安神経症や恐怖症になりやすい人です。一般の人でも、強烈な恐怖体験（戦闘場面に遭遇するなど）をしたり、長時間にわたって不安にさらされたりした場合（長期間、虐待を受けるなど）にPTSD（心的外傷後ストレス障害）といった症状になってしまうこともあります。

設問1 どんなときに不安や恐怖を感じやすいですか？
- 車にひかれそうになったとき
- 飛行機の離陸・着陸時、エアポケットに入ったとき
- ジェットコースターに乗ったとき
- 高いところに登ったとき
- ゴキブリ、くも、へび、ねずみなどを見たとき
- 病原菌SARSや狂牛病BSEの流行
- 大勢の人の前で話をした、授業で当てられたとき
- 誰かに非難されたり注意されたとき
- ホラー映画やバイオレンス映画を見たとき
- レポートの締め切り直前、試験や試合の前のとき
- 親しい人が大病や大怪我を負ったとき

- その他

このように不安や恐怖を引き起こす刺激はさまざまですが、不安刺激や恐怖刺激に対してある一定の反応（行動）が起こります。その主なものは、❶生理反応、❷言語反応、❸運動反応の３つです。

❶生理反応：発汗、心拍数の増加、皮膚血管の血行、胃や胸の圧迫感、体の震えなど

❷言語反応：「こわい」「不安だ」などと思う、叫ぶなど

❸運動反応：逃避行動（不安となる刺激から逃れる）、回避行動（不安刺激を避ける）

このうち、❶はレスポンデント行動、❷と❸はオペラント行動と呼ばれるものです。

オペラント行動とレスポンデント行動の違い

行動	違い	具体例
オペラント行動	行動は自発され、結果事象によって将来の生起確率が影響を受ける	骨格筋による運動：走る、ボールを投げる、調理するなど
		言語行動：話す、日記を
		思考
レスポンデント行動	先行する刺激によって自然に誘発される	腺の働き（唾液、発汗、涙腺）
		心拍、血圧
		瞳孔の収縮、瞬き
		情動の変化

2. レスポンデント条件付け

これまで主に取り扱ってきた行動は、オペラント行動です。不安や恐怖といった情動反応には、もう一方のレスポンデント行動も関わっていますのでその説明をします。１章でも紹介しましたが、レスポンデント条件付けを発見し

た人は、ロシアの生理学者でパブロフという人です。パブロフは、犬の消化腺の研究を行って膨大な研究成果を残し、ノーベル賞も受賞しています。パブロフがレスポンデント条件付けを発見したきっかけは、エサ係の助手が、エサを持たずに近づくだけで犬が唾液を出すようになり、他の人が近づいても唾液は出なかったという事実を発見したことでした。

レスポンデント条件付けのメカニズム：なぜ、助手が近づいたり、白衣を着た人が接近したりしただけで犬の唾液がでるようになるのか？

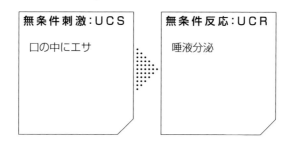

まず、口の中にエサがあると自然に唾液が分泌されます。この場合、エサは**無条件刺激：UCS**（unconditioned stimulus）と言い、唾液分泌は、**無条件反応：UCR**（unconditioned response）と言います。

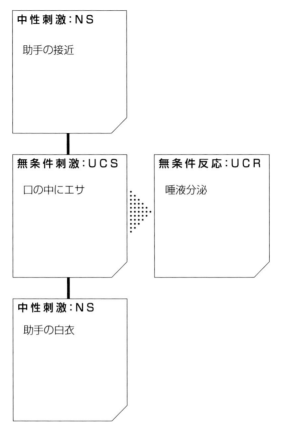

　実際にエサが犬の口に入る前には、さまざまな刺激が随伴され、エサをあげる度に何度もそれが繰り返されます。助手の接近や白衣は、最初、単独で提示されても唾液分泌を誘発しないので、**中性刺激：NS**（neutral stimulus）と言います。

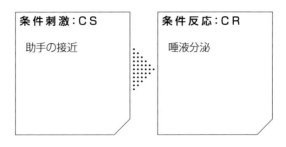

　そのうち、エサを持ってこなくても助手が近づいただけで、あるいは白衣が見えただけで、唾液が分泌されるようになります。これが、パブロフの**条件反射**、レスポンデント条件付けと呼ばれる現象です。最初、中性刺激だった助手の接近は、唾液分泌を誘発するようになったので**条件刺激：CS**　（conditioned stimulus）と言い、唾液分泌を**条件反応：CR**　（conditioned response）と言います。

3. 通常の不安は、我々が生きる上で必要な反応

　不安や恐怖には、レスポンデント行動とオペラント行動の両方の要素が含まれています。不安や恐怖は嫌なものと思われがちですが、我々が生きる上で必要不可欠な事柄なのです。それについて、不安や恐怖のオペラント要素（逃避行動）に基づいて説明してみましょう。たとえば、へびを怖がる人の行動についての行動随伴性を考えてみましょう。

へびが恐いということは、へびが弱化子として機能しているということです。そこで、「へびから逃げる」行動は、弱化子の除去によって強化されます。一見、臆病な人間だと思われるかもしれませんが、自然淘汰の原則で考えてみると、へびを見て逃げる人は、毒へびに噛まれる危険が減り生き残る確率が高くなります。つまり、「へびを見て逃げる」行動レパートリーを持つ（へび恐怖）人の遺伝的資質は生き残る確率が高いでしょう。多くの人が、へびを好まないのはそのためかもしれません（大蛇を首に巻きつけたり、ペットとして飼っていたりする人もいるので、これはあくまでも仮説に過ぎません）。

　また、車を高速で運転していてカーブにさしかかると、ハンドルを取られて怖くなりアクセルを緩めブレーキを踏んでスピードを落とすと思います。

　カーブで高速運転することが恐いということは、カーブでの高速運転が弱化子として機能しているということです。「アクセルをゆるめ、ブレーキを踏む」行動は、弱化子の除去によって強化されます。カーブでスピードを出し過ぎたときに恐いと感じる人は、将来的に事故に遭う危険が少なく、生き残る確率が高いはずです。このように不安や恐怖は、我々の身の安全を守るために身体に備えられたメカニズムといえるでしょう。

4. 恐怖症とは？

　通常の不安や恐怖は、身の安全を守るものだというお話をしました。しかし、危険でない刺激に不安や恐怖を感じる（恐怖症）のはなぜなのでしょう

か？ここでは、恐怖症の中でも症状が深刻なPTSD（心的外傷後ストレス障害）について取り上げます。戦闘、テロ、自然災害、自動車事故、虐待やレイプなど重大な危険を体験したり、目撃したりした人が、悪夢に悩まされたり、目の前で起こっているように感じたり（フラッシュバック）、苦痛を感じたりして、それに関連する場面や会話、思考をさけるといった症状に陥り、日常生活が困難になるといったことが3ヶ月以上続く状態をPTSDと言います（APA, 2000）。2005年イラクで人質になって開放された日本人もPTSDと診断されました。PTSDの発生プロセスは主に以下の4段階に分かれます（Spates, 2003）。

❶自律神経系のプロセス
❷中枢神経系のプロセス
❸レスポンデント条件付け
❹オペラント条件付け

❶自律神経系のプロセス

自律神経は、私たちの意思とは関係なく、呼吸器系、循環器系を機能させたり、消化や汗腺などによる水分や熱の代謝など生命を維持させたりする働きを持っています。危険な刺激に対する自律神経系のプロセスは、a）警告期、b）抵抗期、c）消耗期の3段階に分かれます。

a）警告期：危険が迫るとノンアドレナリンが放出され、交感神経が活性化します。交感神経が機能すると胃腸系の血流が減少し、脳や筋肉系に血流が増加して身体が緊張状態に置かれます。b）抵抗期：危険が去るとアドレナリンが放出されて副交感神経が活性化され、身体がリラックス状態になります。c）消耗期：危険がある程度長く続くと抵抗期に移行することができずに、慢性の緊張状態を招くことになります。

❷中枢神経系のプロセス

緊張状態が続いたときに大脳をはじめとする中枢神経系でもさまざまな変化が生じます。まず、危険に備えてa）大脳の感情中枢、小脳扁桃の活動が活発化します。次にb）前辺脳回という言語機能をつかさどる部分の活動が

弱まります。また長時間危険刺激にさらされ続けることでc）慢性ストレス下の神経科学物質が神経を破壊し、海馬が収縮します。この一連のプロセスにより中枢神経系にダメージが与えられ、冷静で論理的、客観的な判断が難しくなるのです。

❸レスポンデント条件付け

このような状態の下では、恐怖反応を引き起こす危険刺激に対するレスポンデント条件付けが生じやすくなります。ここでは、自動車事故にあった人の例で考えてみましょう。自動車事故における危険刺激は、自動車の衝突や衝撃、破壊音、外傷といったものであるでしょう。それに対する恐怖反応は無条件反応であり、これ自体は恐怖症でも何でもありません。

自動車事故にあって重傷を負った人の危険刺激と恐怖反応

しかし、事故の際には周囲の環境の中にさまざまな中性刺激（交差点、運転していた車など）が存在し、危険刺激（自動車の追突、衝撃、破壊音、外傷など）と随伴されます。

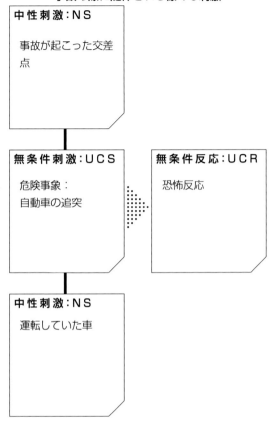

事故の際に随伴される様々な刺激

　非常に危険な出来事や嫌悪刺激の場合、たった1回の随伴で条件付けが起こると言われています。この場合、事故が起こった交差点や運転していた車は条件刺激、条件刺激に対する恐怖反応を条件反応と言います。

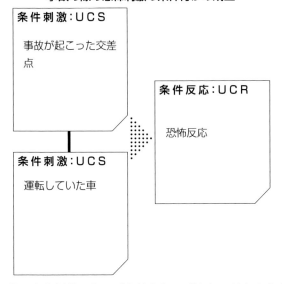

事故の際の恐怖刺激の条件付けの成立

　さらに恐怖の条件刺激である「交差点」や「車」に似たような刺激に対しても、恐怖反応が生じるようになることがあります。これを刺激の般化と言い、本来危険でない刺激に対して恐怖反応が生じるようになります。これが恐怖症と呼ばれる症状の1番目のものです。大きな自動車事故を起こした人が、事故現場に行くと足がすくんだり、体が震えてしまったりするのはそのためです。

❹オペラント条件付け
　恐怖症の2番目の症状は、オペラント条件付けに関連するものです。恐怖刺激に条件付けられたさまざまな条件刺激から回避する行動が、弱化子（恐怖）がなくなることで強化されます。

事故刺激に条件付けられた刺激からの回避反応の強化

先行事象	行動	結果事象
目の前に事故を起こした車	その場を離れる	車が見えなくなる（↑）

恐怖症では、本来危険でないさまざまな刺激に対して回避行動を行うので、日常生活に不都合が生じてしまいます。

5. 恐怖症の行動療法

恐怖症を治療するには、条件付けられた恐怖刺激のレスポンデント条件付けを解除する必要があります。そのためにさまざまな方法がありますが、不安や恐怖と拮抗する反応（リラックス反応）を学習しておくと、いろいろな治療プログラムに応用できます。

（1）不安や恐怖と拮抗する反応の学習

学習できるリラックス反応としては以下のようなものがあります。まずは、このようなリラックス反応を意識的に引き起こせるように繰り返し練習をします。

a）筋緊張と弛緩の学習：弛緩状態のリラクゼーション
b）温感のイメージ学習
c）リラックス場面のイメージ学習
d）その他のリラクゼーションに関する民間療法：アロマセラピー、癒し系音楽

ここでは、この中でも**筋弛緩の訓練**について紹介しましょう。通常、不安

や緊張をしているとき、身体は筋肉の緊張を伴っています。逆に、筋肉を弛緩すると意図的にリラックスした状態を作ることができます。条件付けられた不安刺激とリラックス反応を結び付けることで、不安反応を解除することができます。これを**逆制止の原理**と言い行動療法のパイオニアのひとりウォルピが開発しました。筋弛緩の訓練には、さまざまなバリエーションがありますが、簡単にできる方法（Cautela & Groden, 1978）を紹介します。

1）頭の中で「私は落ち着いている」と3回繰り返し唱える。

2）ゆっくりと鼻から息を吸ってゆっくりと口から息をはく（5回）

3）両手をぎゅっと握って5つ数える。それから力を緩めて10数える。

4）両腕に力を入れ5つ数える。それから力を緩めて10数える。

5）両肩に力を入れて5つ数える。それから力を緩めて10数える。

6）両太ももに力を入れて5つ数える。それから力を緩めて10数える。

7）つま先に力を入れて5つ数える。それから力を緩めて10数える。

8）ゆっくりと鼻から息を吸ってゆっくりと口から息をはく（5回）

9）「私は落ち着いた」と3回唱えリラックス状態をイメージする。

(2) 不安事態の再挑戦

　不安や恐怖の刺激が大きく、長く持続するほど恐怖症が生じやすくなります。そこで、中性刺激と恐怖反応が条件付けられる前に、中性刺激と恐怖反応を結び付けないようにします。まず①不安反応を早く消すように緊張弛緩訓練を行います。次に②恐怖の条件付けが起きる前に中性刺激と接するようにします（ヘネンホッファー＆ハイル，1993）。たとえば、交通事故のあとは、できるだけ早く事故現場に行きます。そして何度も平気で事故現場を通り過ぎることができるようにします。

(3) 系統的脱感作

　これは、不安や恐怖を一度に克服するのではなく小さなステップに分けて徐々になくしてゆく方法です。①筋弛緩の訓練、②不安階層表の作成、③筋弛緩反応と不安項目の随伴提示の3つのステップがあります。

　不安階層表は、不安や恐怖の対象となるさまざまな刺激を不安の強度に従って順番に並べたものです。まず、不安となるすべての刺激や対象をリストアップします。次に、不安となる刺激項目の中で最も不安を起こさせる刺激を100とし、不安を感じない刺激を0とします。リストアップしたすべての項目に点数をつけていきます。そして、点数の高い順に項目を配列します。このような配列の仕方をSUD（subjective unit of disturbance）と言います。表は、ある先生の授業になると不安を感じ、うまく発表ができず、授業への出席が苦痛になった高校生の不安階層表の例です（園山、2001）。

不安階層表の例

段階	場　　面	SUD
1	通常の前向きの席順で、自分の席に座ったままで発表する。	10
2	円形になった席順で、自分の席に座ったままで発表する。	20
3	教員の職員室に友達と一緒に質問を尋ねに行く。	30
4	通常の席順で、自分の席で立って発表する。	40
5	教員の職員室に1人で質問を尋ねに行く。	55
6	授業後、前に出て、教員に質問を尋ねる。	60
7	前に出て、友達が2人最前列にいて10人の生徒の前で発表する。	65
8	前に出て、10人の生徒の前で発表する。	80
9	前に出て、40人の生徒の前で発表する。	90
10	前に出て、100人の生徒の前で発表する。	100

　不安階層表ができたら、筋弛緩反応と不安刺激を順次随伴提示します。まず、筋弛緩を行いリラックスします。次に、不安の強度の弱い(1)から順番に場面をイメージします。不安反応が現われたら、その段階でイメージを中止し筋弛緩を行います。この手続きを数回繰り返し不安がなくなると、次の段階に進みます。段階が大きすぎてどうしても不安反応が消えない場合は、階層表を見直して間に一段階入れるようにします。一度の練習時間は、30分から1時間くらいであまり長く取らないようにします。次の日は、最初から繰り返します。すべての項目に不安を感じなくなったら治療は終了です。

　上記の方法は、イメージにより脱感作を行いますが、現実場面で脱感作を行う方法を**現実脱感作**と言います。たとえば、不登校の子どもに、自宅の玄関、100m先、200m先、・・・、校門、下駄箱、教室の入り口、1限目、2限目、・・・、下校時と段階的に登校を進めていく方法があります。

(4) フラッディング

　系統的脱感作は、不安や恐怖の強度の弱いものから強いものへと段階的に徐々に取り除く方法ですが、フラッディングは、最も強く不安や恐怖を感じる場面に、直接、長い時間直面させる方法です。この方法の成功の鍵は、予

期した不安や恐怖の場面がそれほど怖いものではないことを体験するまで、①回避行動を阻止し、②長期間その場面にさらすことが大切です。本人に大変な苦痛を感じさせ、ドロップアウト率が高いという欠点もあります。

（5）予期不安の克服

初めての人や知らない人に会うときドキドキする。試験や試合などの前に緊張や不安が強くなる。就職の面接を受ける、講演を行うといった重要な出来事の前になると何日も前から不安で眠れない。こういう悩みを持つ人は、不安が強すぎて普段の力を発揮できなかったり、重要な約束を避けたりして成功のチャンスを逃しています。予期不安を克服するためには、まず大事な約束や用事の前に不安にかられる日は、筋弛緩訓練を行います。弛緩するときは、静かで気持ちを落ち着かせることができる場所で行います。次に、不安に思う場面をイメージします。イメージする場面は、緊張の低い場面から徐々に高い場面に移行するようにします。不安を感じ始めたら、筋弛緩訓練を行います。そしてイメージを繰り返します（ヘネンホッファー＆ハイル，1993）。オリンピック選手などのアスリートは、この**イメージトレーニング**を行っている人が多くいます。イメージトレーニングは不安の減少だけでなく、運動スキルの向上にも役立ちます。

（6）対人・社会不安の克服

対人不安とは、他人からの評価や評判を気にし過ぎて、他人から拒絶されたり、批判されたり、認められないことへの恐怖が該当します。こういう傾向のある人は、言いたいことがあるのに自分の意見をはっきり言えなかったり、感情を押し殺してしまったり、周りに同調してしまうために損をしますし、不要なストレスをためてしまいます。また、その反動としてたまったうっぷんを一気に晴らすようなことがあると大きな社会的損害をこうむることにもなります。それを克服するために以下に示す**自己主張訓練**が役立ちます（ヘネンホッファー＆ハイル，1993）。

❶対人場面で緊張する場面を書き出してリストを作ります。

❷緊張の高い場面から低い場面まで順番に並べます。
❸場面ごとに社会的に適切な自己主張反応を考えます。仲間や家族と一緒に考えると助けになります。
❹各場面について頭でイメージしながら自己主張してみます。
❺できるだけパートナーと一緒に自己主張の練習をします。いなければ、ひとりで鏡の前で練習してみましょう。このときにあまりパターンを決めないようにします。また不安のときに髪をいじる、服をいじるなどの癖を示す人もいますので、パートナーの人にチェックしてもらいましょう。
❻自信が持てるようになったら実際の場面で試してみます。

　恐怖症の治療には、その他エクスポージャーや EMD/R などがありますので、詳しくはレスポンデント条件付けに関する行動療法の専門書を参照してください。また、PTSD をはじめ重症の恐怖症の場合は、くれぐれも医療機関に相談されることをお勧めします。

練習問題1　次の行動は、レスポンデント行動ですか、オペラント行動ですか？
❶熱い鍋に触って手を引っ込める
❷グランドを走る
❸寒くて体が震える
❹背中を掻く
❺昼ごはんのことを考える
❻美しい景色を見て胸がジーンとする

練習問題2　1995年の3月に起きた地下鉄サリン事件の被害者は、PTSD など様々な後遺症を負っています。ある男性被害者は、事件のあった日比谷線には別の地下鉄を利用しています。しかしその地下鉄でも息が苦しくなったり頭痛がしたりします。地上の電車でもトンネルに入ると同様の症状がでるそうです。
❶これらの後遺症の発症は、オペラント条件付けとレスポンデント条件付け

で説明ができますが、この男性の症状の場合、無条件反応 UR あるいは条件反応 CR は何ですか？
❷無条件刺激 US と条件刺激 CS は何ですか？
❸地下鉄だけでなく、地上の電車でも同様の症状が生じるようになったことを何と言いますか？
❹事件のあった日比谷線に乗ることを避けて別の電車に乗る行動を何と言いますか？この行動は、オペラント行動ですか、レスポンデント行動ですか？
❺このような症状を緩和するために応用行動分析では、どのような介入方法が考えられるでしょうか？

参考文献

Cautela, J. R. and Groden, J. (1987) Relaxation : A comprehensive manual for adults, children, and children with special needs'. Illinois : Research Press Company.

ヘネンホッファー, G. ・ハイル, K. D. (著) 生和秀敏・生和禎子訳（1993）不安の克服－不安の行動論と自己訓練法－．北大路書房．

小林重雄（2001）講座臨床心理学①総説臨床心理学．コレール社，153－162

園山繁樹（1992）行動療法における Interbehavioral Psycology パラダイムの有用性－刺激フェイディング法を用いた選択性緘黙の克服事例を通して．行動療法研究18，61－70．

スペイツ, R. C.（2002）PTSD（心的外傷後ストレス障害）－行動分析学による理解と治療－．行動分析学研究，17，2，161－173．

9章 セルフマネージメント

1. ルール

（1）ルールによる制御

　テレビをつけるとどのチャンネルでもグルメ番組が大にぎわいですが、「おいしいラーメン屋に行ってラーメンを食べる」という行動を考えてみましょう。

事例1　たまたま近くのしげる食堂に入ってラーメンを食べたらおいしかった場合

確立操作	先行事象	行動	結果事象
空腹	しげる食堂	しげる食堂に行き、ラーメンを食べる。	口においしいスープの味と麺の食感(↑)

　お店に入って、おいしいラーメンが食べられるという経験をすることで、将来、しげる食堂に行って食べる行動は、増えるでしょう（もし、まずいラーメンだったら、行かなくなるでしょうが）。

　あるいは、テレビのグルメ番組で丸星ラーメンがおいしいと放送されるとか、友だちに「丸星ラーメンのとんこつラーメンおいしいよ。」と言われるとか、丸星ラーメンの看板に「テレビで取り上げられた評判のとんこつラーメン」と書いてあるとかすると、丸星ラーメンに行くに違いありません。そして、実際においしければ、将来丸星ラーメンに行く行動は、増えるでしょう。

事例2　テレビで放映された丸星ラーメンに行ってとんこつラーメンを食べたらおいしかった場合

確立操作	先行事象	行動	結果事象
テレビで「丸星ラーメンのとんこつラーメンはおいしい」と放映される。	丸星ラーメン	丸星ラーメンに行き、とんこつラーメンを食べる。	口においしいスープの味と麺の食感(↑)

例1 と 例2 の行動は、「ラーメン屋に行って食べる」という行動は同じですが、少し異なっています。例1)は、試行錯誤をしながら、直接自分で経験することによって、学習した行動です。一方、例2)は、自分で直接経験しなくても、言語を介して人から伝えられたこと「丸星ラーメンに行ってとんこつラーメンを食べるとおいしいよ。」を元に生起した行動です。

実はこの「丸星ラーメンに行ってとんこつラーメンを食べるとおいしいよ。」という言葉自体が、行動随伴性を記述しています。この行動随伴性を記述した言語刺激のことを「ルール」と言います。そして、ルールが行動を制御することを「ルールによる制御」、ルールよって制御されている行動を「ルール支配行動」と言います。一方、例1)のようにルールによらずに、直接、行動随伴性による行動の制御を「随伴性による制御」、随伴性によって生じている行動を「随伴性形成行動」と言います。

行動の法則（杉山・島宗・佐藤・マロット・ウェイリィ・マロット, 1995）

ルール：行動随伴性を記述した言語刺激

ルールによる制御：ルールが行動を制御すること

ルール支配行動：ルールによって制御されている行動

> **随伴性による制御**：ルールによらず行動随伴性による行動の制御

> **随伴性形成行動**：ルールによらず行動随伴性によって生じている行動

（2）効果のないルール

　健康に関する話題は、テレビやマスコミでも良く取り上げられ、健康ブームとも言われています。テレビ番組を見たとたんに「よーし、運動するぞ！」とか「たばこをやめるぞ！」と決意しても三日坊主となって続かないことはよくあると思います。トム・ソーヤの冒険を書いたアメリカの文豪マーク・トウェーンはこのように言っています。

　　煙草をやめるなんてとても簡単なことだ。私は百回以上も禁煙している。

　このような自己管理行動が上手く行かないのはなぜなのか考えてみましょう。

❶一回の行動に対する結果の量が小さい（塵も積もれば山となる型）
　喫煙行動について考えてみましょう。たばこは、がんの発症にかかわっていることが分かっており、がんの3分の1がたばこに原因があるとされています。非喫煙者を1.0倍として喫煙者のがんによる死亡率（佐賀市報，2002）を一部ご紹介しましょう。

　　　胃がん　　　　　1.4倍
　　　肝臓ガン　　　　3.1倍
　　　口腔・咽頭ガン　3.0倍
　　　喉頭がん　　　　32.5倍
　　　食道がん　　　　2.2倍
　　　肺がん　　　　　4.5倍

　このように、たばこが健康に与える害がはっきりしているのに、何百万人

もの人々がたばこを吸い、数万人もの人ががんで亡くなっているというのは、どういうことなのでしょうか。行動随伴性により考えてみましょう。

「たばこは体に悪い」と知っていても、一本吸っただけで「がん」なるわけではありません。何本も吸い続けることによって累積的にがんになる確率が高まるのです。つまり、一回の行動では、結果が小さすぎて、行動を弱化するのに十分ではないのです。累積的には大きな影響があるのに、一回の行動の結果が小さすぎて上手く行かないのは、5章で紹介した「塵も積もれば山となる」型の行動随伴性です。

❷確率の低い結果（天災は忘れた頃にやってくる型）

　毎年、約1万人の人が交通事故で命を落としています。そのために遺族が受けるダメージは、計り知れないものがあります。そのため、事故を予防するために様々な交通ルールや取締りが行われています。にも、かかわらず交通違反をする人は、後を絶ちません。それはなぜでしょうか。これも、行動随伴性を元に理論分析してみましょう。

確立操作	先行事象	行動	結果事象
早く目的地に着かないといけない状況	国道で前をゆっくり走行している車を見て	制限速度20kmオーバーで追い抜く	交通事故に遭う確率がわずかに増す（−） ほんの少しの危機感（−）

　制限速度を超えて運転すると危ないということは知っていても、誰もが

「まさか自分が交通事故に遭うことはないだろう」と思っています。結果が起る確率が低いために、行動を弱化するのに十分でないのです。このように、深刻な結果をもたらすのに結果の生起確率が低すぎて上手く行かないのは、5章で紹介した「天災は忘れた頃にやって来る型」の行動随伴性です。

行動の法則（杉山・島宗・佐藤・マロット・ウェイリィ・マロット，1995）

守りにくいルール：一回の反応に随伴する結果が、小さすぎるか確率が低すぎるルールは、守りにくい。

守りやすいルール：一回の反応に随伴する結果が、適切な大きさで、確実なルールには従いやすい。

　我々人間は、ただ単に自然の流れに任されて行動している生き物ではありません。自身で行動随伴性を分析し、計画し、修正して自分や他人の行動を律することができます。自然な随伴性では、上手く行動をコントロールできない場合に、守りやすいルールを設定して、行動をコントロールしやすくする方法が、これから述べるセルフマネージメントやパフォーマンスマネージメントです。

　テレビのニュースや新聞の3面記事を見ると、様々な悲惨な事件が報道されています。そのために、専門家が動員されて改善の道が探られています。しかし、そのような特殊な事件よりも、はるかに多くの人が、成人病や交通事故を始めとする事故で亡くなっています。政府や行政機関は、特殊な問題に目を向けるよりも広く国民の福利に役立つ施策を優先すべきだと思います。セルフマネージメントやパフォーマンスマネージメントを応用することで、様々な生活習慣病や危険、事故を予防したり、減らしたりするような行動を身につけることができます。

2. セルフマネージメント

（1）禁煙行動の事例

　喫煙が、体に悪いことはよく知っているつもりなのに、1日1箱以上吸ってしまうのり子さん。喫煙回数を減らしたいと思いながらも、なかなか減らすことができません。「私って意志が弱いのかな」と思っている瞬間にも、たばこを吸っているのでした。

　物事が上手く行かないのは、「意志が弱い」とか「根性がない」からでしょうか。いいえ、行動分析学では、行動の原因を精神的要因や概念的要因とは考えません。環境の中にその要因を見つけるのです。この例の場合どのような行動随伴性が働いているのか5章の理論分析を使って考えてみましょう。この場合「たばこを吸う」のは困った行動なので、困った行動が生起する要因についての行動随伴性の理論的分析を行います。

困った行動が生起する要因

❶困った行動を強化する随伴性
❷困った行動を阻止する行動を弱化する随伴性
❸困った行動を弱化するのに効果のない随伴性

❶困った行動を強化する随伴性

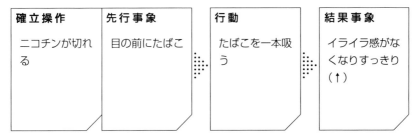

確立操作	先行事象	行動	結果事象
ニコチンが切れる	目の前にたばこ	たばこを一本吸う	イライラ感がなくなりすっきり（↑）

　のり子さんは、過去に一定期間たばこを摂り続けた経験があります。すると、血中にある一定量のニコチンが残存します。そして、たばこを吸った後に時間が経過すると、血中のニコチン濃度が下がり、イライラした感じになります。そして、たばこを吸うとこのイライラ感が消えて、すっきりしま

す。つまり、「たばこを吸う」行動は、弱化子の除去（イライラ感が消える）と強化子の提示（すっきり感）よって強力に強化されているのです。

❷困った行動を阻止する行動を弱化する随伴性

確立操作	先行事象	行動	結果事象
ニコチンが切れる	目の前にたばこ	たばこを捨てる	イライラ感が続く（↓）

「たばこを吸う」行動を阻止する行動として、たとえば「たばこを捨てる」といった行動を考えてみると、弱化子の提示（イライラ感）によって弱化されます。

❸困った行動を弱化するのに効果のない随伴性

確立操作	先行事象	行動	結果事象
「たばこは体に悪い」と思っているニコチンが切れる	目の前にたばこ	たばこを一本吸う	わずかに体に悪影響を与える（−）

この場合、「体に悪いこと」は弱化子なので、弱化随伴性によって「たばこを吸う」行動は弱化されると考えるかもしれません。しかし、一回毎の結果が小さすぎて弱化するのに十分でない（塵も積もれば山となる型）のです。我々が「意志が弱い」とか「根性がない」と一般に言っているのは、このような状態を指す言葉なのです。このように、行動を改善するのに効果を十分発揮しない現状の随伴性を「効果のない自然の随伴性」と呼びます。そして、さらに「たばこを吸う」行動を維持する自然の随伴性が作用しています。

たばこのような常用性の高いものを減らす時には、一度に止めてしまうと血中ニコチン濃度が急に下がってイライラ感やストレスを高めてしまいますので、上手く行きません。そこで、少しずつ減らすということが大切です。そのために、まず一日に何本たばこを吸っているのかベースラインを測定します。結果、のり子さんは一日平均約20本のたばこを吸っていることが分かりました。そこで、「たばこは一日19本以下」という目標を設定しました。そして、3日間連続して守れたら、一本ずつ減らして行くことにしました。

　次に、「たばこを吸う」行動を強化する随伴性よりも、さらに強力な弱化随伴性を設定する必要があります。例えば、目標を守れなかった時は、友だちに500円払うというように自分にとっての大きな強化子がなくなるか、弱化子があらわれるように随伴性を設定するのです。

効果的なセルフマネージメントによる随伴性

確立操作	先行事象	行動	結果事象
「一日に20本以上吸うと千円払う」ニコチンが切れる	目の前にたばこ	たばこを一本吸う	友だちに500円払う（↓）

　このように強化子がなくなるという弱化随伴性により、のり子さんのたばこを吸う行動が減りました。このようなセルフマネージメント手続きは、友だちに手伝ってもらうと成功しやすくなります。自分だけでやると、手続きがいい加減になったり、ずるをしてしまったりすることがあるからです。

（2）ダイエット行動の事例

　セルフマネージメントを成功させる一つの鍵は、きちんと行動目標を立てることです。「体脂肪率を減らす」とか、「酒やたばこを減らす」などの目標は、結果として達成される成果です。行動随伴性を分析し、介入法を計画するためには、目標を行動のレベルで記述しなければなりません。たとえば、「体脂肪率を減らす」ための行動目標は、「毎日、30分有酸素運動をする」

などとなります。さらに、有酸素運動を具体的に書くとしたら、「近所を歩く」「山を散策する」「ジョギングする」などとなるでしょう（注：ここで、過度の食事制限によるダイエットは、うまくいかないどころか、身体に害を与える危険性が高いので絶対に止めてください）。

とも子さんは、健康診断の時に「体脂肪率が高い」という結果をもらい、「1年後にミニスカート、ノースリーブを着こなすぞ！」と一大決心をしました。そのため「週4回スポーツジムに通い、エアロビクスや筋肉トレーニングをする」という目標を立てました。しかし、その決心もなかなか長続きしませんでした。なぜでしょうか？この場合、「ジムで運動をする」のは良い行動なので、良い行動が生起しない要因についての行動随伴性の理論分析を行います。

良い行動が生起しない要因
❶良い行動を弱化する随伴性 ❷良い行動を邪魔する行動を強化する随伴性 ❸良い行動を強化するのに効果のない随伴性

❶良い行動を弱化する随伴性

確立操作	先行事象	行動	結果事象
運動の目標 面白い番組 レポート課題が出される	テレビ レポート	スポーツジムに通う	筋肉の疲れ（↓） テレビ時間減（↓） レポートの時間減（↓）

行動を弱化する自然の随伴性が幾つか働いています。「筋肉の疲れ」は弱化子、「テレビの時間が減る」は強化子の除去、「レポートが片付かない」は弱化子の除去の阻止ですから、いずれも行動を弱化することになります。

❷良い行動を邪魔する行動を強化する随伴性

確立操作	先行事象	行動	結果事象
レポート課題が出される	レポート	レポートを書く	レポートが完成し単位がなくならない(↑)

　ジムに通う行動を邪魔している行動、つまりジム通い以外にしている行動は何かについて考えると、レポートを書く、家でテレビを見るなどをしていることが分かります。レポートを書く行動は、強化子の提示（レポートの完成）、弱化子の除去（単位がなくならない）によって強化されることがわかります。

❸良い行動を強化するのに効果のない随伴性

確立操作	先行事象	行動	結果事象
運動の目標	体脂肪率高い34%	スポーツジム腹筋を一回行う	ごくわずかに体脂肪率が下がる(-)

　「体脂肪率が減る」のはとも子さんにとって弱化子の除去ですが、一回の腹筋による結果が小さすぎて行動を強化するには、十分ではないのです（塵も積もれば山となる型）。
　とも子さんは、運動する行動を強化するためにさらに強力な随伴性を計画しました。とも子さんは、甘いお菓子が大好きです。お菓子は、通常カロリーの高い食べ物ですが、低カロリーのものを用意すれば問題はないということで、スポーツジムに行った時は、家でお母さんにお菓子を出してもらい、スポーツジムに行かなかった時はお菓子なしという約束をしました。
　また、自室の目立つ場所に「目指せミニスカ・ノースリーブ」というス

ローガンを貼りました。

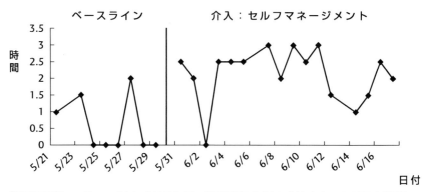

図9-1 スポーツジムにおける毎日の運動時間（ジムに行かなかった日は0時間）

　とも子さんは、セルフマネージメントを行うことにより、継続してスポーツジムに通うことができるようになり、体脂肪率も34％から27％まで減少しました。

次に介入が上手くいった理由について考察してみましょう。とも子さんにとってお菓子を食べるのは、何よりも楽しみなので、スポーツジムに通う行動を強化するのに非常に効果的な強化子でした。また、継続的にジムに通うようになってからジム友だちもでき、お互いに励まし合うようになったのもジムに通う行動を強化した要因でした。

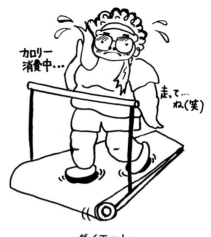

ダイエット

（3）点字学習の事例

　なお子さんは、大学で福祉を学ぶ学生です。何か目標を持ってがんばろうと思うのですが、自分で飽きっぽい性格と思い込んでいるため何事も長くは続きません。週日は、大学での授業の後アルバイトに出かけ、疲れて家に帰った後は何もする気が起らないので、ついついテレビを観てしまう毎日です。しかし、福祉分野での勉強を続けるうちに、視覚障害者の支援に関心を持つようになったなお子さんは、点字講習会に通い点字を習得しようと決心しました。

行動目標：対象者は、なお子。行動目標は「毎日30分以上点字を打つ練習をする。」で、行動が起る状況は「帰宅後自分の部屋で点字の練習をする。」というものでした。達成基準は「点字の五十音表を見なくても点字を打てるようになること」でした。この場合、「点字を打つ練習をする」のは良い行動なので、良い行動が生起しない要因についての行動随伴性の理論分析を行います。

❶良い行動を弱化する随伴性

確立操作	先行事象	行動	結果事象
アルバイトで疲れ	帰宅後 なお子の自室	点字の練習をする	面倒くさい(↓)

❷良い行動を邪魔する行動を強化する随伴性

確立操作	先行事象	行動	結果事象
アルバイトで疲れ	帰宅後 なお子の自室	テレビのスイッチオン	面白い(↑) リラックス(↑)

❸良い行動を強化するのに効果のない随伴性

確立操作	先行事象	行動	結果事象
点字の練習をするという目標	帰宅後 なお子の自室	点字の練習をする	点字を打つのがわずかに上達する(−)

　30分点字の練習をすれば、わずかながら点字の腕前は上達します。つまり、強化子の出現により、点字練習行動は強化されるはずです。しかし、なお子さんはアルバイトから帰るとくたくたに疲れて、点字を練習する元気が出ませんでした。疲れている状態で点字の練習をすることは、疲労感を増しました。つまり、点字の練習は弱化子の出現により弱化されます。さらに、帰宅後テレビのスイッチを入れることで、面白い番組を見ることができます。ス

イッチを入れる行動は、強化子の出現により強化されます。
　つまり、点字を練習する行動を強化する随伴性よりも、弱化する随伴性の方が強いのです。しかも、競合する随伴性が働いているので、点字の練習行動は生起し難いことが分かります。

　介入方法として、まず「毎日30分以上点字の練習が出来たら、好きなケーキやシュークリームを食べられる」を決めました。また、その日何分練習したかを記録に取り、折れ線グラフに記入して目に付く場所に掲示しました。
　しかし、これでは十分な改善が見られなかったので、さらに「その日30分以上点字の練習をしなかったら、母親の500円貯金に協力し貯金箱に500円を入れる」という約束を母親と取り交わしました。

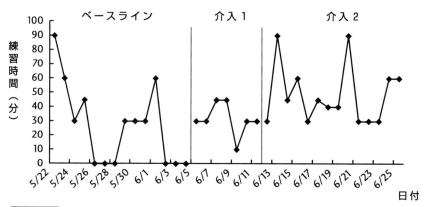

図9−2　点字を練習する時間の推移

　介入前は、2週間のうち目標が達成できなかった日が6日もありました。その日は、いずれもバイトやサークルの日と重なっており忙しい日は行動が生起し難いものでした。介入1では、お菓子を強化子に頑張りましたが、一日だけ目標を達成できませんでした。この日もバイトで夜遅く、行動が生起し難かったのです。介入2の後は、10日以上にわたって30分以上練習することができました。

効果的なセルフマネージメントの随伴性❶

確立操作	先行事象	行動	結果事象
アルバイトで疲れ	帰宅後 なお子の自室	点字の練習をする	お菓子(↑)＜面倒くさい(↓↓)

　アルバイトがない日や夜遅くない場合は、お菓子の強化子が十分に機能しましたが、バイトで夜遅くなると非常に疲れてしまって、お菓子による強化子よりも、弱化子による弱化の方が強かったのです。

効果的なセルフマネージメントの随伴性❷

確立操作	先行事象	行動	結果事象
「点字の練習をさぼると500円払う」約束	帰宅後 なお子の自室	点字の練習をする	500円払わなくて済む(↑)

　強化子の除去（ペナルティ）の阻止によってどんなに疲れている日でも、点字の練習が強化されるようになりました。

　ダイエット行動の事例も点字学習の事例も、一回一回の行動の結果が小さすぎて効果をもたらさない「塵も積もれば山となる型」でした。このような行動の場合、目標がどれだけ達成できているかを見て確認できるような仕組みを作りましょう。この仕組みをパフォーマンス・フィードバック（島宗，2000）と言います。小学生のときに早朝ジョギングという活動があって、先生がそれぞれの生徒のために何キロ走ったかを自分で記録できるように壁に用紙を貼って用意してくれていました。記入するのが楽しくて走るのが楽しかったことを憶えています。このように行動の達成状況や行動による変化を記録し、見てわかるようにグラフを目につく場所に掲示しましょう。

たとえば、ダイエットの事例ならば、脱衣所に体重計を設置して壁にグラフ用紙を貼りつけ、風呂に入るときに計測してグラフに記入するようにするなどです（11章の図11－3参照）。簡単で無理なく実施できるように工夫することがコツです。

> **パフォーマンス・フィードバック**：どれだけ目標を達成しているか、一目でわかるようにする仕組み

練習問題1 ルール支配行動と随伴性形成行動の違いは何ですか？

練習問題2 守りにくいルールには2種類ありますが、それは何ですか？説明してください。

練習問題3 困った行動が生起する要因について3つの随伴性は何ですか？

練習問題4 良い行動が生起しない要因について3つの随伴性は何ですか？

参考文献

Malott, R. W. (1992a) Should we train applied behavior analysts to be researcher? *Journal of Applied Behavior Analysis*, 25, 83–88.

Malott, R. W. (1992b) A Theory of Rule–Governed Behavior and Organizational Behavior Management. In T. C. Mawhinney (Ed.), Organizational Culture, Rule–Governed Behavior and Organizational Behavior Management : Theoretical Foundations and Implications for Research and Practice. The Haworth Press, Inc., New York, 45–65.

島宗理（2000）パフォーマンス・マネジメント－問題解決のための行動分析学．米田出版．

杉山尚子・島宗理・佐藤方哉・マロット，R. W.・ウェイリィ，D. L.・マロッ

ト,M.E.(1998)行動分析学入門.産業図書.

+10章 パフォーマンスマネージメント+

1. パフォーマンスマネージメント

　自分で自分の行動を改善するときに役立つのがセルフマネージメントという方法です。他者の行動を改善するときも、セルフマネージメントと同じ原則を用いることができます。自然の随伴性では、他者の行動を改善できない時に、随伴性を計画して実行する手続きのことを**パフォーマンスマネージメント**と言います。心理士やカウンセラーがクライエントの行動を改善する、教師が生徒の行動を改善することも広くパフォーマンスマネージメントと言えます。次にその例を見てみましょう。

（1）弟のものぐさ行動の改善

　あき子さんの弟は、風呂に入ってから歯磨きを行い、そのまま歯磨き粉を風呂場に放置するという癖がありました。家族の人が朝の忙しい時に歯磨きをしようとすると、歯磨き粉が見当たらず、いつも探さないといけないので困っていました。この場合、困った行動の理論分析をすることになりそうですが、「歯磨き粉を風呂場に放置する」のは行動でしょうか？人形テストを思い出してください。これは人形でもできるので行動ではありません。ではどのように分析すればよいでしょう？本来やって欲しい行動は「歯磨き粉を洗面所に戻す」ことでこれは行動です。ですから、良い行動が生起しない要因についての行動随伴性の理論的分析を行います。

良い行動が生起しない要因
❶良い行動を弱化する随伴性 ❷良い行動を邪魔する行動を強化する随伴性 ❸良い行動を強化するのに効果のない随伴性

❶ 良い行動を弱化する随伴性

❷ 良い行動を邪魔する行動を強化する随伴性

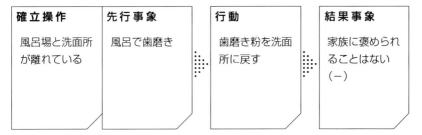

❸ 良い行動を強化するが効果のない随伴性

確立操作	先行事象	行動	結果事象
風呂場と洗面所が離れている	風呂で歯磨き	歯磨き粉を洗面所に戻す	家族に褒められることはない（−）

　持ち出した歯磨き粉を洗面所に戻すのは、弟にとって面倒くさいことでした。行動の後に弱化子（面倒くさい）が提示されることで、洗面所に戻す行動は弱化されてしまいます。しかも、いつの間にか家族の人が戻しておいてくれるので、弱化子の除去によって風呂場に置く行動は強化されます。また、たまに洗面所に戻したとしても、家族は当たり前と思って褒めることはない（確率ゼロ）ので消去されてしまいます。こうして、風呂場に置きっぱなし

にする行動は維持されていました。

効果的でない介入の随伴性

確立操作	先行事象	行動	結果事象
何度も姉に叱られ、叱られることに慣れる	風呂で歯磨き	歯磨き粉を洗面所に戻す	姉に叱られない（−）

そこで、あき子さんは、弟が歯磨き粉を戻していないと叱ることにしました。最初は、弱化子（叱られること）の消失による強化によって、歯磨き粉を戻していましたが、だんだん叱られることに慣れてくると戻さなくなりました。

効果的なパフォーマンスマネージメントによる随伴性

確立操作	先行事象	行動	結果事象
「歯磨き粉を洗面所に戻さないと、貸している一万円を返す」張り紙	風呂で歯磨き	歯磨き粉を洗面所に戻す	一万円を返さなくてよい（↑）

あき子さんは、弟にお年玉の一万円を貸していたことを思い出し、より効果的な随伴性を付加することにしました。風呂場の壁に「歯磨き粉を洗面所に戻さないと、貸している一万円を返してもらいます」と書いた張り紙をして、再び弟に警告することにしました。非常に危機感を持った弟は、強化子（1万円）の消失の阻止による強化により歯磨き粉を洗面所に戻すようになりました。この結果を表わすグラフは、4章の図4−5にあります。

もしかしたら、このようなパフォーマンスマネージメントを行わなくても理論分析の❸で示されているように「洗面所に戻す行動を単純に褒める」ことで行動は改善されたかもしれません。6章で述べたように「良い行動を見

て褒める」ことは、非常に効果的な方法なのですが、当たり前だからしないと思っている人が圧倒的に多いようです。

（2）父親のものぐさ行動の改善

はるかさんは、大学の勉強だけでなく、家事もきちんと手伝う家族思いの大学生です。しかし、毎晩洗濯機を回す時、父親の靴下を表に直さなければいけないので、何とかして欲しいと思っていました。そこで、父親が帰宅する時に、靴下を表にして洗濯機に入れる行動を目標として取り組むことにしました。この場合「靴下を裏にしたまま洗濯機に入れる」のは困った行動なので、困った行動が生起する要因についての行動随伴性の理論的分析を行います。

困った行動が生起する要因

❶困った行動を強化する随伴性
❷困った行動を阻止する行動を弱化する随伴性
❸困った行動を弱化するのに効果のない随伴性

❶困った行動を強化する随伴性

まず、父親の靴下行動に関して、自然の随伴性を分析してみましょう。父親が靴下を裏返しにして洗濯機に入れると後で娘に文句を言われますが、父親の裏返しのまま洗濯機に入れる行動を弱化するには、十分な弱化子として機能しません。結局、娘が直してしまい、いつでも洗濯されて清潔でたたんである靴下が使用できる状況でした。さらに、父親は、夜遅く帰宅し、靴下を表に直して洗濯機に入れることは、非常に面倒なことであったので、靴下を表に直す行動は弱化されてしまうのでした。

そこで、はるかさんは改善方法として、パフォーマンスマネージメントを応用することにしました。まず、はるかさんが洗濯する時に、靴下が表に直っていないときは、父親が家族の貯金箱に100円入れるという約束をしたのです。一週間、この方法を続けましたが、あまり効果が見られなかったので、支払う金額を500円に上げました。

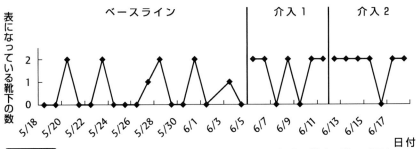

図10-1 Uの父親の靴下を表にして洗濯かごに入れる行動の推移：靴下が両方とも裏返しなら0、片方が表になっていれば1、両方表に直っていれば2

効果的なパフォーマンスマネージメントによる随伴性

確立操作	先行事象	行動	結果事象
「靴下を表に直してないと500円支払う」約束	仕事から帰宅	靴下を表に直して洗濯機に入れる	500円払わなくてよい(↑)

　強化子を失うことの阻止により、父親が靴下を表に直して洗濯機に入れる行動は強化されました。一ヶ月間この介入法を続けることで、父親の靴下を直す行動は、ほぼ完璧に改善されました。さらに、このような取り組みを通して、親子間の対話が促進されたということです。

(3) 父親の喫煙行動の改善

　大学生のくみさんの父親は、仕事一筋の銀行マンで、部下にも慕われる良い上司です。家族は妻と娘2人、それに愛犬のミニチュアダックスフンドで、幸せな家庭を築いています。しかし、ストレスの多い仕事柄喫煙の量はすさまじく、これまで何度も禁煙を試みましたが、一日ももったことがありませんでした。父親以外の家族で喫煙する者は一人もいないので、喫煙によって生じる大量の煙には家族みんなが不快を感じていました。そこで、この父親の喫煙行動に対して、大学で応用行動分析を学んでいるくみさんが一

肌脱ぐこととなりました。

行動目標：対象者は、くみさんの父親でした。禁煙を勧めるのは、もはや不可能と思われたので、行動目標は、「喫煙する時は、台所の換気扇の下に移動し、喫煙すること」としました。行動の起こる状況としては、「夕食後、一家団らんでテレビを見ているとき」としました。たばこを吸う行動は、家族にとって困った行動なので、困った行動が生起する要因についての行動随伴性の理論的分析を行います。

困った行動が生起する要因
❸困った行動を強化する随伴性
❹困った行動を阻止する行動を弱化する随伴性
❺困った行動を弱化するのに効果のない随伴性

❶困った行動を強化する随伴性

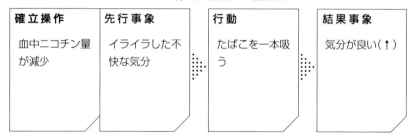

確立操作	先行事象	行動	結果事象
血中ニコチン量が減少	イライラした不快な気分	たばこを一本吸う	気分が良い(↑)

喫煙行動が習慣化している人は、一定時間喫煙しないでいると血中のニコチン量が減り、不快になってきます。これに対して喫煙を行うと血中ニコチン量が上昇し、不快が避けられると同時に気分が良くなります。これは、弱化子の除去による強化随伴性（逃避随伴性）と強化子の出現による強化随伴性です。

❷困った行動を阻止する行動を弱化する随伴性

確立操作	先行事象	行動	結果事象
血中ニコチン量が減少	不快な気分居間で他の家族と一緒	換気扇に移動したばこを一本吸う	面倒くさい(↓)

❸困った行動を弱化するのに効果のない随伴性

確立操作	先行事象	行動	結果事象
血中ニコチン量が減少	不快な気分居間で他の家族と一緒	たばこを一本吸う	家族が不満を述べる(−)

　一方、喫煙していない他の家族にとって、たばこの煙は不快そのものです。そこで、家族は、父親に対していろいろと不満を述べることになります。父親にとって、家族に不満をぶつけられることは弱化子であり、弱化子の出現による弱化随伴性が働くことになります。しかし、この弱化随伴性よりも、強化随伴性の方が強力に作用します。さらに、喫煙のために一々換気扇に移動することは、面倒で手間がかかります。つまり、換気扇に移動する行動が弱化されます。これらの理由より喫煙行動は維持されます。

方法：困った行動の理論的分析により、父親の喫煙行動自体をなくすことは非常に難しいことが分かります。そこで、家族の迷惑にならないように換気扇の下で喫煙してもらうこととしました。
　介入方法としては、まず口頭で「たばこを吸うときは、換気扇の下で吸ってください。」と父親に言いました。しかし、それでは十分に行動が改善されなかったので、換気扇の下で吸わなかった場合に、家族の食後のデザート

を買ってくるというペナルティを課すことにしました。

　記録は、家族の誰かが行い、父親が換気扇の下で喫煙した場合は○、換気扇の下で喫煙しなかった場合は×をつけるようにしました。また、他の家族の人（母親、娘2人）がたばこの煙に対して不快を感じたかどうかも記録しました。

結果：介入1では、口頭で注意するのみだったので、換気扇でたばこを吸う行動は、出来たり、出来なかったりでした。そこで、家族で話し合いを行い、介入2として、「換気扇の下で吸わなかった場合に、家族の食後のデザートを買って来てもらう。」ことが決まりました。最初の3日間はきちんと守っていましたが、4日目につい居間でたばこを吸ってしまい、ペナルティとして、夜コンビニに出かけて家族のデザートのプリンを買ってきました。この経験は、仕事人間の父親にとって非常に不快であったらしく、それ以後は気をつけて換気扇の下でたばこを吸うようになりました。介入が終わった後も、換気扇でたばこを吸う行動は維持し、生活習慣として定着しました。また、介入2以降、たばこの煙に不快な思いをする家族の人数も減少しました。さらに、介入のプロセスを通じて、親子のコミュニケーションが進み、関係がさらに良好になるという副次的効果ももたらしました。

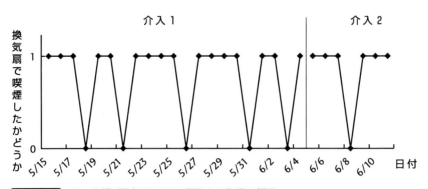

図10−2　Fの父親が換気扇の下で喫煙する行動の推移

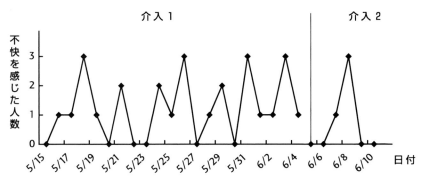

図10-3 たばこの煙に不快を感じたかどうかの家族の人数の推移

考察：口頭で注意するだけでは、あまり換気扇の下での喫煙行動は維持しませんでした。しかし、換気扇以外の場所で喫煙すると家族のデザートを買いにコンビニに行くというペナルティを課した結果、行動が改善しました。これは、コンビニに買い物に行くことが、父親にとって非常に嫌悪的だったので、それを回避するための換気扇でたばこを吸う行動が強化されたと考えられます。

効果的なパフォーマンスマネージメントによる随伴性

確立操作	先行事象	行動	結果事象
「居間でたばこを吸うと家族のデザートを買う」約束	居間で他の家族と一緒	換気扇に移動し、たばこを一本吸う	家族のデザートを買わなくて良い(↑)

第10章　パフォーマンスマネージメント

2. 行動を変えれば、人生が変わる

　セルフマネージメントやパフォーマンスマネージメントを邪魔するものとして「先延ばし」があります。「後でやろう」とか「来週にしよう」と思っているとあっという間に時間が過ぎて達成できずに終わってしまうことがあります。「先延ばし」防ぐ工夫として、**目標に締め切りをつける**（島宗, 2000）とよいでしょう。

締め切りのない目標	締め切りのある目標
レポートを仕上げる	6月4日までにレポートを提出する
腹筋を50回する	毎日、夜11時までに腹筋を50回する

　ある行動が、望ましいか望ましくないかを判断するのは、時として難しいことかもしれません。おそらくそれらの判断基準は、文化や宗教などさまざまな要因に影響されるものであろうと思います。ここではマロットのQOL（生活の質）テストに従って、良い行動かどうかの判断をすることにしましょう。

> **QOL（生活の質）テスト**：その行動は、その人あるいは地域社会の人の生活の質に良い影響をもたらす結果（あるいは集積された結果）を伴いますか？

練習問題1　実践例「弟のものぐさ行動の改善」における行動目標は、QOLテストを合格しますか？「合格する」あるいは「合格しない」理由は何ですか？

練習問題2　実践例「父親のものぐさ行動の改善」における行動目標は、QOLテストを合格しますか？「合格する」あるいは「合格しない」理由は何ですか？

練習問題3 実践例「父親の喫煙行動の改善」における行動目標は、QOLテストを合格しますか?「合格する」あるいは「合格しない」理由は何ですか?

　9章の表紙の象の絵を見てみなさんはどのように感じるでしょうか。「鎖につながれた象」という逸話があります。象は、子どものうちから鎖でつながれていると、大きくなってそれを引きちぎれるようになっても、引きちぎって逃げようとはしないそうです。私たちもいつの間にか目に見えない「行動随伴性」の鎖につながれて「俺はもうダメだ!」と絶望していないでしょうか。あるいは他人を指して「あの人ダメなのよね!」と文句を言っていないでしょうか。これを「**個人攻撃のわな**」と言っています(島宗, 2000)。しかしこれまで学んできたことを使って行動随伴性を分析し、適切に環境条件を変えるだけで状況は変わるのです。

　私の好きな言葉のひとつに蓮沼文三の格言があります。

> 心が変われば態度が変わる。
> 態度が変われば習慣が変わる。
> 習慣が変われば人格が変わる。
> 人格が変われば運命が変わる。

　私はこれをセルフマネージメントやパフォーマンスマネージメントの原則に当てはめて次のようにしてみました。

> 思いが変われば行動が変わる。
> 行動が変われば習慣が変わる。
> 習慣が変われば人格が変わる。
> 人格が変われば人生が変わる。

　今からあなたも人生を変える取り組みを始めませんか?

参考文献

Malott, R. W. (1992a) Should we train applied behavior analysts to be researcher? *Journal of Applied Behavior Analysis, 25*, 83-88.

Malott, R. W. (1992b) A Theory of Rule-Governed Behavior and Organizational Behavior

Management. In T. C. Mawhinney (Ed.), Organizational Culture, Rule-Governed Behavior and Organizational Behavior Management : Theoretical Foundations and Implications for Research and Practice. The Haworth Press, Inc., New York, 45-65.

島宗理（2000）パフォーマンス・マネジメント－問題解決のための行動分析学．米田出版．

杉山尚子・島宗理・佐藤方哉・マロット，R.W.・ウェイリィ，D.L.・マロット，M.E.（1998）行動分析学入門．産業図書．

11章　医療・リハビリテーション分野への応用

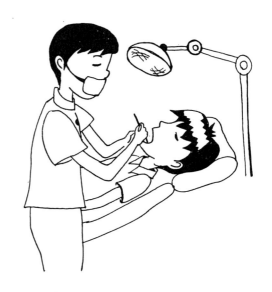

6章や7章では、応用行動分析の発達障害児・者の教育やハビリテーションへの応用について紹介しました。その他にも、学校教育、カウンセリング、スポーツのコーチング、企業コンサルティング、医療や福祉、交通安全などの分野でも成果をあげています。この章では、医療・リハビリテーション分野での応用について紹介します。

　近年、医療事故、終末医療などの報道から医療のあり方に対する議論が高まっています。その重要な観点のひとつは、医療者は疾患を治すことだけでなく、患者を全人的にとらえ予防に主眼を置く方向に移っています（張替，1993）。つまり、疾患そのものだけでなく患者のライフスタイルや生育歴・性格・行動様式などを分析し、患者が主体的に治療に取り組めるように医療者は支援する立場にまわるのです。生活習慣の改善や自己管理が鍵となる糖尿病（張替，1993；安酸，2000）、腎不全（西谷・岡山，2001；玉淵・岡山，1998）などの治療や病後のリハビリテーション（中島ら，2004）、理学療法（山崎・長谷川・山本・鈴木，2001）においても、行動分析的アプローチはとても有効な方法論です。

1. 糖尿病へのアプローチ

　糖尿病患者は、血糖値をコントロールして合併症を予防しながら、病気と上手く付き合いながら生活を送ることが理想的です。そのためには、適切な食行動や運動習慣を身に付け自己管理できることが大切になります。ここでは、張替（1993）の事例を紹介します。

（1）アセスメント

　アセスメントの内容としては、食事の記録、生活活動の記録、体重記録を取ってもらいます。時として記録を取ることは、負担で継続が難しいことがあるので、実行可能な記録の種類を話し合って決めたり、励ましたりすることが大切です。以下にその例を載せます（図11－1～11－3参照）。

食事日記　2月18日

（0：なし　1：少し空腹　2：かなり空腹　3：ひどく空腹）

月/日	時刻	時間	空腹度	食事の種類（朝、昼、夜、間）	姿勢（座って立って寝て）	場所	誰と	食べ始めの気分（何かをしながらか）	食事内容（材料まで具体的に）	量（グラムまたは目安量）	食べた後の気分と行動
	8:00 8:10	3分 10分	1	朝食	立って 座って	台所 台所	1人 1人		牛乳 ごはん ほしのり 焼きのり はくさい漬	200ml 1杯 6枚 少し	友人の誘いがあり朝食は簡単にすませ、いそいそ出かけることにした。
	14:10	30分	1	昼食	座って	ベンチ（公園）	友人と	たまの外（ベンチ）での食事も楽しい。カモを見ながら。	おすしの箱詰 のりまき（小）2cm のりまき太巻き3cm おいなりさん（小） あなご（小） しゃけ（小） お茶	2個 1個 3個 1 1 1缶	満足感
	16:20	20分	0	間食	座って	お店	友人と	友人と話をしながら。	アイスクリーム（小倉）	1個	おしるこはやめ、友人とのつき合いもありアイスクリームにした。
	20:00	20分	1	夕食	座って	台所	1人		大根 人参　　の煮もの しいたけ キンピラごぼうの煮つけ ヨーグルト イチゴ（小さいの） お茶	小皿で少し 小皿で少し 1個 10つぶ 2杯	

図11－1　食事記録

日頃の食習慣を把握するために、いつ、何を、どのくらいの量食べたのかを記録します。できれば、カロリー計算をすることで運動量との比較ができます。適切な食習慣は規則正しい時間に食事を摂り、ゆっくりと食べることが重要です。また就寝時間の前に食事を摂らないようにします（少なくとも2～3時間は空ける）。
少ない食事を4～5回に分けて摂る方法もあります。

生活活動日記　　2月18日

時刻	活　動　内　容	時　間	歩　数
4:00			
5:00			
6:00			
7:00	起　床		
8:00	食　事		
9:00	投票に行く	往復15分	
10:00	10:10　家を出る	駅まで15分	
11:00	｝電車に乗りすごしたりしたので時間がかかった。		
12:00			
13:00	上野着、東照宮近くまで歩く。		
14:00	冬ぼたんを観賞して歩く。次はしのばずの池まで。		
15:00	14:10　昼食、カモを見ながら。	2時間余	
16:00	湯島の天神様まで歩く。そして梅の観賞。	50分	
17:00	京成上野まで戻り歩く。　　　　　　　　電車		
18:00	18:30　帰　宅		
19:00	夕食の支度		
20:00	夕　食		
21:00	入　浴		
22:00	テレビ、日記つけ		
23:00	就　寝		
24:00			
1:00			
2:00			
3:00			

今日のメモ
久し振りのお天気で冬ぼたん、梅の観賞に友人と
行き、よく歩いた。疲れはなかった。
食事は朝そこそこにして昼はおすしの箱詰にした
ので夕食はやさいの煮ものなどにし、ごはんは炊
かなかった。

合計
15,685歩

図11－2　生活活動記録

運動習慣を把握するため、いつ、どのくらいの運動をしているのか、日頃の活動を記録します。運動量を測ることで消費カロリーの目安を得ます。歩数を計測する万歩計などはスポーツ用品店、健康機器店などで購入できます。

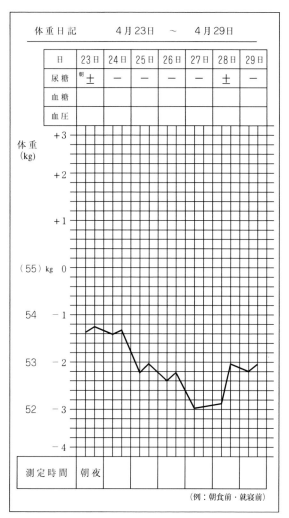

図11−3 体重記録

体重計はグラム単位で測定できるものをおすすめします。体脂肪率などを測定するなど便利な機能が備わっているものもあります。上記のような記録用紙を体重計の置いてある所の壁の前に貼り、筆記具もひもでぶら下げて簡便に測定・記録できるようにします。9章のパフォーマンス・フィードバック参照。

週間自己評価表　4月16日〜4月22日

[0点：まったくできず　2点：まずまずできた]
[1点：不十分であった　3点：大変うまくいった]

目標行動	16日	17日	18日	19日	20日	21日	22日	合計点	%
1．1日1回青野菜、わかめを食べる	1	2	1	3	0	3	1	11	52
2．1日7000歩以上歩く	3	3	3	3	3	3	2	20	95
3．運動を20分やること	1	2	2	1	1	3	2	12	57
4．間食をやめること	3	1	3	3	3	3	2	18	86
5．									
合計点	8	8	9	10	7	12	7	61	
%	67	67	75	83	58	100	58	73	

図11−4　行動目標記録

（2）目標設定

　記録から生活上の課題や問題点を明らかにします。早食いや運動量が問題の場合は、目標として「1口20回噛む」とか「1日に7,000歩あるく」など具体的な目標を立てるようにします。場合によっては記録を取ることだけで改善することがあります（図11−4参照）。

（3）食行動や生活習慣の改善のコツ

　食行動には、食品の購入、貯蔵、調理・盛り付け、食事、残飯を捨て、後片付けなど一連の過程があります。この中で一番実行しやすい方法を選ぶと上手くいきます。生活の中に運動を取り入れる場合、特別な運動をはじめるよりも、日常生活の中で自然に活動量を増やす方法が上手くいきます。たとえば、①乗り物に乗るよりも足を使うようにする、②エレベーターやエスカレーターよりも階段を使うようにする、③万歩計やカロリーカウンターなどで活動量を測り記録すると目で効果が確認できるので励みとなります。

　目標が達成できたときには、自分自身に「よくやった」と言い聞かす自己

強化したり、「来週もがんばるぞ」と自己教示したり、ご褒美を用意したりします。

事例 53歳の自営業の男性患者。20歳代から肥満で最大体重は40歳ころ98kgでした。48歳の頃の健康診断で尿糖陽性と告げられましたが放置し、その後視力低下のために受診しました。初診時、身長169.5cm、体重92kg（肥満度47.2％）FBS（空腹時血糖）298mg/dl、HbA$_{1C}$（ヘモグロビンA$_{1C}$）11.1％で肥満型糖尿病と診断されました。栄養士から糖尿病と肥満の食事指導を受け、食事と間食の量を減らして4ヶ月で8kg減量し84kgになりましたが、肥満度は34.4％と高い値でした。家庭内には食べ物刺激が多く、家族全員が肥満傾向でした。本人は糖尿病を改善する気は十分で家族も協力的でした。

介入方法

診察の中で、主治医が患者と話し合って日常生活で改善できる習慣を見出して無理のない目標設定を行って徐々に改善を図る方法を取りました。全部で介入はⅠ期からⅣ期まででした。

介入Ⅰ

❶テレビを見ながらの「ながら食べ」をやめる（必要以上に食べるのを避ける）
❷宴会はできるだけ断る（お酒の誘惑を避ける）
❸おかずは小皿盛りにする（食べる分だけ自分の皿に盛る。山盛りから取るといくら食べたかわからず食べすぎる）
❹時間があるときは散歩する

3ヵ月後の結果

体重が徐々に減り70kg台になり、FBS226mg/dl、HbA$_{1C}$9.6％と改善傾向になりました。

介入Ⅱ

❶食べ物を買わない・置かない（買い置きのおかしがあるとつい食べてしまう）
❷一日1,200kcalを目標にする
❸30分の散歩を仲間と朝夕に1～2回行う（仲間の励ましは運動を続ける強化子となる）

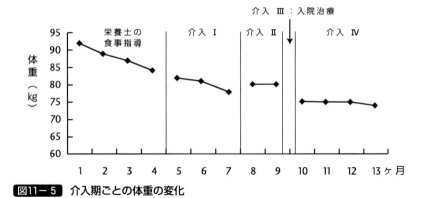

図11−5 介入期ごとの体重の変化

❹車を止めて歩く

4ヵ月後の結果
　体重は80kgあたりを行ったり戻ったりし、FBS200mg/dl、HbA$_{1c}$ 9％を下回ることがありませんでした。体重と血糖値を是正するために通院治療から入院することになりました。

入院中の介入Ⅲ
❶食事中に中休みを取り、噛む間は箸を置く
❷朝、夕に5,000歩あるく

3週間の入院による結果
　体重75kg、FBS119mg/dl、HbA$_{1c}$7.3％に改善したので、退院して通院治療を開始しました。

退院後の介入Ⅳ
❶夕食を軽くする
❷おかずは小皿盛りにする
❸味付けを薄くする
❹冷蔵庫を開けないようにする

その後の結果

体重は75kgを維持し、FBS100mg/dl台、HbA$_{1C}$ 6～7％台にコントロールされ改善しました。この場合のように、命に別状がある場合は、入院など強制的な環境調整による介入もやむを得ません。それ以外では、特別な随伴性は付加することなく、目標となるルールの提示と患者への励ましによって改善した例です。

2. 理学療法でのアプローチ

理学療法は、患者にさまざまな運動訓練を課すことによって身体機能の改善や向上を図る療法ですが、身体的な苦痛を伴うことによって治療の中断や休止が起こり十分な効果をあげられないことがあります。継続的な運動訓練を支援する上で応用行動分析の手法によって効果をあげることができます（山崎・長谷川・山本・鈴木, 2001）。まず、さまざまな訓練が継続しない要因について理論分析してみましょう。

良い行動が生起しない要因

❶良い行動を弱化する随伴性
❷良い行動を邪魔する行動を強化する随伴性
❸良い行動を強化するのに効果のない随伴性

❶良い行動を弱化する随伴性

確立操作	先行事象	行動	結果事象
特になし	理学療法室、療法士、機器	関節可動域運動、筋力・持久力訓練	痛み（↓）疲労感（↓）息切れ（↓）

❷良い行動を邪魔する行動を強化する随伴性

確立操作	先行事象	行動	結果事象
理学療法士の注目なし 長い入院生活	理学療法室、療法士、機器	訓練をさぼって別のことをする	理学療法士が励ます(↑)

❸良い行動を強化するのに効果のない随伴性

確立操作	先行事象	行動	結果事象
運動療法の必要性あり	理学療法室、療法士、機器	関節可動域運動、筋力・持久力訓練	僅かに身体の機能が向上(−)

　まず理学療法の訓練の実施によって、身体的な苦痛や疲労感をもたらします。これは、訓練に従事する行動を弱化します。そこで、患者は訓練をさぼって他の事をしようとするわけですが、それに対して医療スタッフは何とか訓練に従事してもらおうと一生懸命励まします。入院生活は非常に退屈です。人の注目は特に大きな強化の機能を獲得するので、無意識のうちにこのような困った行動を強化してしまいがちです。また、訓練の効果はすぐにはあらわれないので訓練に従事する行動は十分に強化されません。

　そこで、取られた介入方法は、①ルールを提示することで一回の運動がどのくらいで終わるのかについて見通しを持たせてあげること、②わずかな筋力の向上を測定できる機器の導入でした。このような介入法により、患者は理学療法の訓練に従事することができるようになりました。

関節可動域運動に対する介入の随伴性

確立操作	先行事象	行動	結果事象
理学療法士のルール「10秒でストレッチは終了」	理学療法室、療法士、機器	関節可動域運動に従う	10秒後、運動による疼痛の消失（↑）

筋力トレーニングに対する介入の随伴性

確立操作	先行事象	行動	結果事象
特になし	理学療法室、療法士、筋力の向上を計る機器	筋力トレーニングを行う	目に見える筋力の向上（↑）

3. 歯科治療を嫌がる子ども

　子どもの歯科治療において、治療時の痛みと結びついて条件付けられた恐怖刺激よって回避行動が生じやすいのは言うまでもありません。これが自閉症などの発達障害を伴う子どもの場合は、さらに治療の困難が予想されます。発達障害の子どもは、状況や文脈を理解して行動するのが苦手ですし、ことばの理解が乏しいために歯科医による治療に関する指示は、通じ難いでしょう。発達障害児の歯科治療に協力的でない行動について理論分析してみましょう。

困った行動が生起する要因
❶困った行動を強化する随伴性
❷困った行動を阻止する行動を弱化する随伴性
❸困った行動を弱化するのに効果のない随伴性

❶困った行動を強化する随伴性

確立操作	先行事象	行動	結果事象
特になし	診察台 歯科医	診察台でかんしゃくを起こす	治療ができなくなる(↑)

　治療を妨害する行動（かんしゃく）によって弱化子（歯科治療による歯の痛み）が阻止されるので、かんしゃくは強化されます。

❷困った行動を阻止する行動を弱化する随伴性

確立操作	先行事象	行動	結果事象
特になし	診察台 歯科医	大人しくして口を開ける	歯を削るときの痛みやドリルの音など(↓)

　治療を妨害する行動を阻止する行動は、治療に協力的な行動（たとえば診察台で大人しく口を開ける）です。しかし、治療が始まると口内鏡によって診察され、歯を削られたり注射されたりすることによる痛みが生じます。痛みという弱化子によって大人しく口を開ける行動が弱化されると共に、派生の原理（pp.83）によってドリルの音が習得性の弱化子になります。ですから、今度はドリルの音がしただけで暴れてかんしゃくを起こし、それがドリル音の停止によって強化されるようになるのです。よって大人しく口を開ける行動は弱化されるのです。

❸ 困った行動を弱化するのに効果のない随伴

確立操作	先行事象	行動	結果事象
特になし	診察台 歯科医 そばに母親	診察台でかんしゃくを起こす	治療の後のお菓子がなくなる（−）

　幼い子どもを歯科治療に協力的にさせるために「後でお菓子買ってあげるから」と言うお母さんも多いと思います。見通しが持てる発達水準にある子どもならば上手くいく場合もあるでしょうが、発達に遅れのある子どもの場合に上手くいかないことがあります。発達に遅れのある子どもの場合は、結果がすぐに提示された方が効果的です。

（1）発達障害児への介入　(杉山ら, 1998)

　このような子どもに対して、キース・アレンは、次のような介入法を実施して効果をあげました。①本格的な治療に入る前に練習を行うために、子どもが嫌悪を感じる治療項目をあげました。②それぞれの練習項目に対して治療に耐えられるくらいの短い時間（3秒）を設定して、練習を行いました。その時間に治療に協力的であったら治療をやめて休憩し、妨害行動があったら治療時間を延長しました。その治療時間に耐えられるようになったら徐々に時間を長くして行きました（最終的には30秒）。

治療の練習の随伴性Ⅰ

確立操作	先行事象	行動	結果事象
「3秒我慢したら休憩、できなかったら延長」	診察台 歯科医 ドリル回転	3秒以内に診察台でかんしゃくを起こす	ドリル回転時間の延長（↓）

これは弱化子（ドリルの音）の提示による治療を妨害する行動を弱化する随伴性です。

さらにアレンは、③治療に協力的だったらシールをあげ誉めるようにしました。治療を妨害する行動をするとシールはあげず誉めませんでした。後でシールを貯めるとおもちゃと交換できるトークンシステムを導入しました。

治療の練習の随伴性Ⅱ

確立操作	先行事象	行動	結果事象
「大人しくしていたらトークンがもらえるよ」	診察台 歯科医 ドリル回転	大人しくして口を開ける	治療時間後、トークンとほめ言葉(↑)

治療に協力的な行動（大人しくして口を開ける）をすると強化子（トークンとほめ言葉）がもらえるので、大人しくして口を開ける行動は、強化されます。

30秒間隔の基準を全ての項目で達成したら、治療の前に1分ずつそれぞれの項目を練習し、妨害行動が1分間で15秒以内なら合格としました。全てのテストに合格したら歯科医との治療に入りました。介入の前は、60分の治療時間中52分間、88％の間泣き喚き、暴れ続けました。介入後、妨害的行動は30％以下に減少し無事治療を終えられました。

（2）自閉症児に対する介入

自閉症児は、見通しを持てない事柄、新奇の刺激、音、人、場所に対して強い不安を持ちます。治療による直接的な弱化子もさることながら、見通しがもてないことによる不安（予期不安）によって治療を回避してしまう場合が多くあるようです。Backman & Pilebro（1999）は、治療者、場所、治療の手順を視覚的に提示することで、治療に協力的になるような介入を行いま

した。

　スウェーデン、ヴァステルボッテン郡の自閉症ハビリテーションチーム（心理士、教師、ソーシャルワーカー）が担当し、介入群と対照群を1年半後に比較しました。介入群は、16人の知的障害を伴う自閉症児（15人男児、1人女児）で、平均年齢4.8歳（3.3から6歳）でした。そのうち11人は歯科クリニックを受診したことがありましたが、大人しく診てもらうことができませんでした。

介入

　介入群は、歯科クリニックで同じ設定でいつも同じ歯科医に会いました。歯科に行ってからの治療の手順を示したカラー印刷の冊子を用意し、家庭と歯科医院で手順を復習しました。治療の前には、親と歯科医が情報を共有し、何かことばで指示するときは、家でもクリニックでも同じことばかけ（「いすに座って」「ライト」「口を大きく開けて」など）を使いました。歯科医への治療協力の程度は、協力、不承不承、非協力的の3段階で評価されました。

カラー冊子：歯科に行くときのステップを示すもので、入り口のドア、待合室、歯科医、歯科助手、処置室、使う予定の器具などを写した写真を使いました。親との話し合いで写真の内容、文字の付加の可否などを決め、治療目的に応じて並べ替えました。冊子に用意された内容は、以下の通りです。

❶治療室へ入る
❷椅子に座る・仰臥する
❸大きく開口・歯を見せる
❹歯磨き
❺歯鏡で診察
❻消息子で診察
❼フッ化物
❽予防歯磨き剤で歯磨き
❾X線撮影

カラー冊子の例（実際に研究で使われたものとは異なる）

治療室に入る

治療台に座る、仰臥する

大きく口を開ける

歯磨き

フッ化物

親と治療者の情報共有の内容：全般的な健康、服薬、歯科診療経験、歯磨き習慣、菓子の摂取、恐怖症や特異な点、コミュニケーションの方法、視覚的教示で上手くいったこと、どんなご褒美を与えているかなど。

結果
　カラー冊子など治療の手順を視覚的に提示することによって、対照群の子どもと比べてほとんどの介入群の子どもが治療に協力的に参加できるようになりました。このように、歯科医が自閉症に対して深い理解を持ち、視覚的に見通しの持てる工夫をすることで治療がスムースに行えることが証明されました。さらに、診察室の環境をできるだけ静かにしたり、予約時間を守ったりすることが、治療への協力を促す要因として大切なことがわかりました。

練習問題1 医療やリハビリテーションにおいての行動分析が貢献できるのは、直接の疾患の治療ではありません。どのような部分で貢献できるのでしょうか？

練習問題2 糖尿病などの生活習慣病に対する行動分析的アプローチにおいて、大まかには2つの行動目標を立てると良いですが、それは何ですか？

練習問題3 前記の発達障害児の歯科治療において、治療に協力的でない行動に対してどのような手続きを取っていますか？治療に協力的な行動に対してはどのような手続きを取っていますか？それらは強化ですか弱化ですか？

練習問題4 自閉症児が治療に協力的になるようにするために、一般的にどのような手続きが有効でしょうか？

参考文献

Backman, B. & Pilebro, C. (1999) Visual pedagogy in dentistry for children with autism. *ASDC Journal of Dentistry for Children, 66*, 325–331. 門眞一郎（訳）(2001) 視覚的指導による自閉症児の歯科診療．高木隆郎ら（編）自閉症と発達障害研究の進歩．星和書店，5，301−309．

張替直美（1993）糖尿病の社会・心理面からのアプローチ−糖尿病患者への行動療法的アプローチ−．野口美和子（監）佐藤栄子（編）ナーシング・アプローチ−糖尿病の看護−．桐書房，101−109．

鎌倉やよい・坂上貴之（1996）手術前呼吸練習プログラム開発とその効果の検討．行動分析学研究，19，2−13．

中島佳緒里・鎌倉やよい・深田順子・山口真澄・小野田嘉子・尾沼奈緒美・中村直子・金田久江（2004）幽門側胃切除術後の食事摂取量をセルフコントロールするための指標の検討．日本看護研究学会雑誌，27，2，59−66．

西谷佐智子・岡山ミサ子（2001）透析患者の生活の視点に立ったセルフケアの支援．草野英二（編）透析療法の基礎知識．メヂカルフレンド社，192−201．

杉山尚子（2002）行動する人間の理解．　長田久雄（編）看護学生のための心理学．医学書院，209−265．

杉山尚子・島宗理・佐藤方哉・マロット，R. W.・ウェイリィ，D. L.・マロット，M. E.（1998）行動分析学入門．産業図書．

玉淵恵・岡山ミサ子（1998）自己管理をめざした透析患者の教育．太田和夫（編）新しい透析看護の知識と実際．メヂィカ出版，158−169．

山崎裕司・長谷川輝美・山本淳一・鈴木誠（2001）理学療法における応用行動分析学−３．治療場面への応用−．PTジャーナル，35，3，219−225．

安酸史子（2000）糖尿病患者をサポートするための考え方とアプローチ法−患者教育における学習理論−．看護技術，46，13，23−27．

藤田理恵子・和田恵子（2008）自閉症の子ども達の生活を支える−すぐに役立つ絵カード・作成用データ集，エンパワーメント研究所．

12章　コミュニティや社会問題へのアプローチ

新聞やテレビのニュース番組では、毎日世界中のさまざまな事件や事故が報道されています。凶悪な犯罪に関する報道のたびに本当に心が痛む思いです。年少者によるショッキングな犯罪が報道されると、世の中はどうなってしまったのだろうという不安感に襲われるのではないでしょうか。テロや戦争についても報道なども同様の不安をあおります。最後の章では、社会的な問題や道徳について心理学の分野での研究成果、それに対する応用行動分析の貢献できる可能性や実践について紹介します。

1. 社会問題と道徳

　なぜある人は犯罪や反社会的な行動を起こすのかといった問題について考える前に、もっと日常的な反社会的な問題について目を向けてみましょう。凶悪な犯罪を目にすることは非常に稀ですが、タバコを道端に捨てる人、ごみを不法に投棄してあるのを目撃することはよくあります。そのようなことをする人は、道徳心がないとか、思いやりがないとか、人の迷惑を考えない人だと思われています。道徳性の発達についての心理学的研究では、コールバーグの道徳性発達理論（Kohlberg, 1980, 1983）が有名です。コールバーグは、世界中のさまざまな地域での調査研究から、どのような文化や宗教を持っていようともある以下のような普遍的な道徳の発達パターンがみられることを発見しました。

❶罰を回避するためにルールに従う段階（この場合の罰は、日常語で使われる罰であり、行動分析学で使われる罰とは同義ではないことに注意）
❷非難されることを回避するためにルールに従う段階
❸義務を果たすこと、社会のルールに従うことは、正しい行動であるという信念に基づいて行動する段階
❹道徳的に正しい行為は、普遍的に適用される倫理原則に従った良心の機能とみなされる段階

それぞれ行動的な解釈が可能なようです。道徳の問題について、日常よく観察される道端でのごみの投げ捨てを例に考えてみましょう。

❶罰を回避するためにルールに従う行動随伴性

確立操作	先行事象	行動	結果事象
「道端にごみを捨てると親に叱られる」	母親が一緒 手に紙くずなどのごみ	ゴミ箱にごみを捨てる	母親に叱られない(↑)

小さい頃、何か悪いことをしたら親や先生に叱られたり、叩かれたりした経験があると思います。直接的な弱化子（親に怒られる、叩かれる）を回避するためにルールに従うのがこの段階です。

❷非難されることを回避するためにルールに従う行動随伴性

確立操作	先行事象	行動	結果事象
	周囲に人がいる 手元に紙くずなどのごみ	ゴミ箱にごみを捨てる	人に非難されない(↑)

親や先生から直接叱られたり、叩かれたりはないけれども、周囲に人がいると人の目が気になって悪いことができないというのがこの段階です。つまり、社会的な弱化子（周囲の冷たい視線、非難）を回避するためにルールに従います。

❶❷は、直接人に叱られたり、非難されたりすることでルールに従うのであり、私たちが普通に考える道徳的な行動（神様が見ているよ、お釈迦様が見ているよ・・・）とは違うように見えます。しかし道徳的な行動が発達する上で、悪い行動に対して何らかの直接的な罰（弱化子）を受ける経験が必要であることを示唆しています。❸や❹のように人が見ていなくても道徳的なルールに従

う行動には、どのような行動随伴性が働いているのかを考えるために思考実験をしてみましょう。

設問1 あなたが(a)、(b)、(c)それぞれの場所で、紙くずやタバコを捨てようとする場面を想像してみてください。もしそれを行ったとしたら、どのくらい罪の意識を感じるかを1〜5の5段階で評定してみてください。また、なぜそのように感じるのか理由も述べてください。

1：全く平気
2：罪の意識をわずかに感じる
3：罪の意識を感じる
4：罪の意識を強く感じる
5：罪の意識を非常に強く感じる

実際に学生にアンケートを取ってみると、落書き塀のある道端でごみを捨てるよりも立て看板や地蔵がある場所でごみを捨てる方が罪の意識を強く感じるようです。それぞれの理由は、以下のようになりました。

(a)の立て看板のある畑では、「書いた畑の持ち主の姿が浮かぶよう」というものがありました。(b)の地蔵のある場所では「バチが当たるから」という答えが多かったです。親がお寺をやっているという学生は「因果応報」という答えをあげました。文化庁（2003）によると日本の宗教信者数は、神道系が約1億

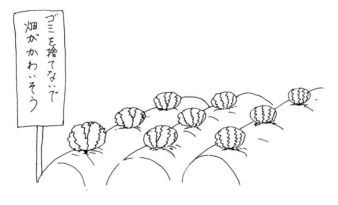

(a) たて看板のある畑

(b) 地蔵のある場所

(c) 落書き塀のある道端

6百万人、仏教系が約9千6百万人、キリスト教系が約180万人、諸教系が約1千万人で、日本において、神道や仏教の影響力はかなり大きいことが予想されます。ちなみに信者数を合計すると、総人口の約2倍にも達するという奇妙なことになります。ある自治体では、山道での廃棄物の不法投棄に悩まされていましたが、地蔵や鳥居を設置することで不法投棄が減ったというニュースを聞いたことがあります。シュリンガーとブラックレイは、ルールにより、弁別刺激、強化子や弱化子、レスポンデント条件付けの機能変容をもたらすと述べています（Schlinger & Blackley, 1987）。たとえば、四つ葉のクローバーは幸運をもたらすという言葉によって、強化子の機能をもたらしていると言えるでしょう。ペンは剣より強しということわざの通り、言葉の力は大きいと言えます。

練習問題1 それぞれの場所で自身がごみを捨てる行動の理論分析を行ってみましょう。

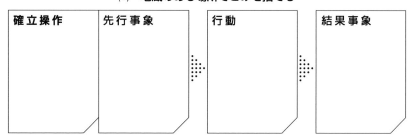

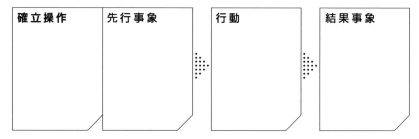

　人が見ていなくても道徳的なルールに従う行動が発達するには、小さい頃の親や大人からの教育が大きな影響を与えていると言えます。宗教的な教育の影響力も見逃せないものがあるでしょう。また、立て看板のように道徳的なルールを明記した刺激や地蔵のように宗教的なシンボルは、道徳的行動を促進すると考えられます。

2. 近所のごみ問題の解決
－なぜ人はごみの日を守らないのか？

（1）はじめに

　地球環境は日増しに悪化し環境問題が叫ばれて久しいですが、ごみ問題は身近な地方行政を悩ます問題でもあります。ごみの量を減らし効率よく処理するための施策として、各自治体ではごみの分別収集が行われています。ごみ出しについては、ごみの種別に曜日や場所が決められています。それなのになぜ、人はこのような簡単な決まり事を守ることができないのでしょうか。みほは、ごみ出しのルールを守らない人間の行動を取り上げ、「人はなぜごみ出し日を守らないのか？」「適切な行動を生み出す条件は何か？」を応用行動分析に基づいて理解し、改善の方法を考え実施しました。パフォーマンスマネージメントは、組織や地域の人々の行動を改善するのにも応用できます。大集団の平均値や統計とにらめっこをしても、良い改善策は生まれてこないのです。顔の見えない集団の行動も、一人一人の人間の「行動」にスポットを当てて、行動随伴性を分析し、明らかにすることによって改善することができます。

（2）行動目標

　対象者は、みほが住むS大学専用アパートに住む21名の学生住人でした。行動目標は「火曜日、金曜日の朝8時半までに可燃ごみを出し、それ以外の日や時間帯にごみを出さない。」としました。ごみを出す場所は、アパート前のごみステーションでした。達成基準は、毎日の下校時に観察し、「ごみステーションにごみが残っていないこと」としました。

（3）困った行動の行動随伴性による理論的分析

　我々の心には、良心というものがあると信じられています。ごみ出し以外の日にごみを出してはいけないというのは知っています。ごみ出し日以外の日にごみを出すと誰もが多少は良心の呵責を感じるはずです。しかし、知っていても実際にはごみを出してしまう人が多い。なぜでしょうか？

困った行動が生起する要因
❶困った行動を強化する随伴性 ❷困った行動を阻止する行動を弱化する随伴性 ❸困った行動を弱化するのに効果のない随伴性

❶困った行動を強化する随伴性

確立操作	先行事象	行動	結果事象
ごみ（特に生ごみ）がたまってくる	部屋が臭う	ごみステーションにごみを捨てる	部屋は臭わない（↑）

❷困った行動を阻止する行動を弱化する随伴性

確立操作	先行事象	行動	結果事象
ごみ（特に生ごみ）がたまってくる	ごみ出し日でない日	ごみ出し日まで部屋に保管する	部屋が臭う（↓）

❸困った行動を弱化するのに効果のない随伴性

確立操作	先行事象	行動	結果事象
ごみ出し日に関するルール 人目につかない夜	ごみ出し日以外の日	ごみステーションにごみを捨てる	近所の冷たい視線（確率低）（−） 良心の呵責（確率低）（−）

　部屋にごみが貯まると、臭いが出現します。汚れや臭いは、人間にとって強力な弱化子であり、それを取り除く「ごみ捨て行動」は強化されます。ま

た、ごみ出し日まで部屋に保管する行動は、臭いという弱化子によって弱化されてしまいます。一方、我々には、社会のルールを守らないと良心の呵責を感じます。この良心の呵責は、我々にとって弱化子であり、ごみ出し日以外の日の「ごみ捨て行動」を弱化するはずです。あるいは、ごみ出し日を良く知らないと良心の呵責も感じません。しかしながら、「良心の呵責」による弱化よりも、「臭いを取り除く」強化の方が強く働くので、ごみ出し日以外の日の「ごみ捨て行動」が維持されるものと考えられます。

（4）方　法

　理論的分析から、ごみ出し日以外の日にごみを出す行動の原因は、ごみの日以外の日に捨てることが「周囲の人たちの迷惑になっている」ことをあまり考えないために、良心の呵責が生じにくく、ごみ出し日以外の日のごみ出し行動が弱化されないためであると仮定しました。

　観察を開始してしばらくして、偶然アパートにK市からごみの分別と出す曜日についてのパンフレットが配布されました。さらに確実にアパートの住人に伝えるため、ごみを出して良い曜日と、そうでない日にごみを出すと周囲が迷惑を被ることを強調したプリントを各住人の郵便受けに配布しました。プリントの投函に関しては、事前に大家さんに相談し了解を得ました。大家さんからの「時間も守って欲しい」という要望も付け加えて、投函を行いました。

　観察方法として、毎日の下校時にごみステーションにごみが置かれていないかどうかを確認しました。ごみの日は、火曜と金曜の朝8時半であり、夕方にごみが残っていないことを確認できれば、ごみの日が守られていると考えられます。さらに、介入の効果を比較するために、隣のごみステーション（N店舗前）も一緒に観察を行いました。記録は、アパート前と隣のごみステーション用2種類の記録用紙を用意し、毎日下校時にごみが残っていなければ〇、残っていれば×をつけました。

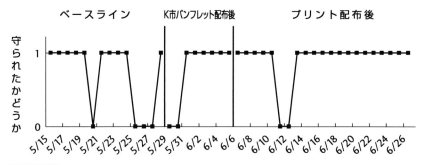

図12-1 S大学専用アパート前ごみ出し行動の遵守結果
1：ごみ出し行動が守られた場合、0：守られなかった場合

(5) 結果

　ベースラインでは、ごみの日の前日にごみを出していたり、ごみの日の8時半までに間に合わず、そのまま次のごみの日までずっとごみが残ってしまったりということが起こっていました。K市からごみの出し方のパンフレットの配布があった後は、S大学専用アパート前とN店舗前ごみステーションの両方の観察をしました。パンフレットの配布後、S大学専用アパート前のごみステーションでは、ごみが残っていることが少なくなりました。さらにS大学専用アパートではプリントの配布を行いました。S大学専用アパート前のごみステーションでは、2日のみごみが残っていましたが、その後10日以上ごみは残っていませんでした。一方、プリント配布のないN店舗前のごみステーションでは、K市のパンフレット配布から時間が経つにつれて、ごみが残っている日が多くなりました。

(6) 考察

　当初、S大学専用アパート前のごみステーションでは、ごみの日が守られず、ごみが残って周囲に迷惑をかけていました。S大学専用アパート前のごみステーションでは、K市のパンフレット配布があった後は改善を示しましたが、N店舗前のごみステーションの結果を見るとパンフレットの配布だけでは時間の経過と共に効果が少なくなるようでした。そして、S大学専用アパートでは、さらにプリント配布が行われごみの日を守る行動が維持されま

した。

パフォーマンスマネージメントによる弱化子の出現による弱化随伴性

確立操作	先行事象	行動	結果事象
「ごみ出し日のルール」を記したプリント	ゴミの日以外の日	ごみステーションにごみを捨てる	強い罪悪感(↓)

パフォーマンスマネージメントによる強化子の出現による強化随伴性

確立操作	先行事象	行動	結果事象
「ゴミ出し日のルール」を記したプリント	ごみの日	ごみステーションにごみを捨てる	気持ち良い(↑)

　明確で分かりやすいプリントを配布することで、ごみの日やごみの日を守らないと近所迷惑になることを明確に伝えることができました。その結果、ごみ出し日以外の日にごみを出すと罪悪感が生じ行動が弱化されました。また、ごみ出し日を守ることで、気持ち良くごみを出せるので、ごみの日を守る行動が強化されたと考えられます。

　K市から配布されたパンフレットは、ごみの出し方について何ページにもわたって丁寧に書かれていました。そのため、一目見ただけでは、正しいごみの出し方が伝わりにくく、読む手間がかかります。それに対して、使用したプリントでは1枚の紙に正しいごみ出し日が簡潔明瞭に書かれています。さらに、ごみ出し日を守らないと周囲に迷惑がかかることを伝え、道徳心に訴える工夫を施したことなどが有効性を高めた要因ではないかと思われます。

　今回は、プリントを郵便受けに投函するという方法を取りましたが、郵便

受けだと他のダイレクトメールと共に捨ててしまい、目に触れない人も出てくることが考えられます。必ず伝える方法を考えるならば、掲示板に載せるなど目に付きやすい方法を考える必要があるでしょう。

> 燃えるごみの日は
> **火曜日**と**金曜日**
> です。
> （午前8時30分までに出してください。）
> それ以外の日にゴミを出すと、
> **近所迷惑**です。

図12-2 S大学専用アパートの郵便受けに実際に配布されたプリントの文面

このように地域の問題も行動の問題に翻訳して、改善を図ることができます。地域の問題について行動分析的介入を行う研究分野を行動コミュニティ心理学と呼んでいます。日本では、松岡ら（2000）や佐藤ら（2001）の点字ブロック上に自転車を駐輪しないようにする研究などがあります。

3. ブロークン・ウィンドウ理論
― 軽犯罪から凶悪犯罪を助長する要因について

小さい頃に「うそは泥棒の始まり」という言葉で注意されたことのある人がいると思います。「小さな不正直な行為がやがて犯罪にまで発展してしまうよ」という警句のひとつですが、最近の犯罪学でも同じようなことが言われており、ジェームズ・ウィルソン博士はブロークン・ウィンドウ理論を提唱しま

(a)　普通に駐車してある車　　(b)　空き地に放置してあるボロボロの車

した。ウィルソン博士は、壊れた車を放置しているとどんなことが起こるのかという実験を行い、小さな無秩序を放置することでより大きな無秩序につながりそれが犯罪にさえつながると述べました（※これは行動分析的な研究ではありません）。ここで再び思考実験を行ってみましょう。

設問2　あなたが(a)、(b)それぞれの車を傷つけたり、部品を持ったりする場面を想像してみてください。もしそれを行ったとしたらどのくらい罪の意識を感じるかを1から5までの5段階で評定してみてください。また、なぜそう感じるのか理由も述べてください。

1：全く平気
2：罪の意識をわずかに感じる
3：罪の意識を感じる
4：罪の意識を強く感じる
5：罪の意識を非常に強く感じる

　学生へのアンケート結果では、やはり(b)の空き地に放置してあるボロボロの車の方が、罪の意識を感じない傾向がありました。
　ウィルソン博士の実験では、実際に壊れた車を空き地に放置したところ、普通の一般市民が部品を持っていったり、壊したりするようになり徐々に破壊されていったということです。これがどのように凶悪犯罪の発生につながるのでしょうか。都市部で持ち主のいない車や住人のいない建物などを放置すると実験のように破壊が進みます。すると管理や警備が行き届いていないと感じて麻

薬の売人などの犯罪者が集まるようになり、やがて凶悪な犯罪が頻発するようになるというのです。

これを市の取り締まり戦略に取り入れて犯罪の減少に成功した米国の都市があります。実施したのは1994年にニューヨーク市長に当選したジュリアーニ氏です。2001年9月11日、ニューヨークの世界貿易センタービルにテロリストに乗っとられた2機の旅客機が突っ込み、尊い命が奪われ大混乱に陥りました。その時の市長がジュリアーニ氏で、指導力を発揮して救援活動に奔走した姿をテレビ報道で見かけた人もいるでしょう。彼は、街中の落書きを除去し、壊れた建築物や放置された車を撤去し、市内パトロールを強化しました。その結果、殺人事件が、90年代初めに年2,000件だったのが97年には800件弱（それでも日本の感覚ではその多さに驚きですが）に低下しました。4年間で全犯罪件数が44％も低下しました。さらに、34万人以上が生活保護から離れ、公共扶助を受けている個人の総数が1968年以来初めて80万人を下回りました。

軽犯罪行動の理論的分析

ニューヨーク市での成功は、ある意味、都市レベルでブロークン・ウィンドウ理論の正当性を実証したと言えるのかもしれません。しかし注意が必要なのは独立変数が環境の整備だけでなく、警察力の強化も含まれているために、犯罪の低下との因果関係ははっきりしません。さらに行動分析的な実験計画法で実証してみる必要があるでしょう。

それでは、この理論の元になった放置している車が破壊されてゆく実験について理論分析をしてみましょう。この場合、対象者は「軽犯罪を犯す人」で、状況は「公共の場所」、行動は「放置された車の部品を持ってゆく、壊す」です。

困った行動が生起する要因
❶困った行動を強化する随伴性 ❷困った行動を阻止する行動を弱化する随伴性 ❸困った行動を弱化するのに効果のない随伴性

❶困った行動を強化する随伴性－その１

確立操作	先行事象	行動	結果事象
様々なストレス	長い間放置されている車	窓ガラスなどを壊す	破壊された車（↑）

　通常、見過ごされている人間の特性だと思いますが、失業、貧困、飢え、憎しみ、怒りなどさまざまなストレス下に置かれると、暴力的な行動によって何かが破壊されたり、傷ついたりすることが強力な強化子になります。ですからこういう状況下では破壊行動が強化されます。

❶困った行動を強化する随伴性－その２

確立操作	先行事象	行動	結果事象
貧困 自分の車の部品がない	ボロボロの車が放置されている	車を壊し部品を持ってゆく	部品として利用、売って収入にする（↑）

　また車の部品の中には、売ってお金になるものもあるでしょうし、自身の車部品と交換して使えるものもあるでしょう。こうして壊して部品を持ってゆく行動は強化されます。

❷困った行動を阻止する行動を弱化する随伴性

確立操作	先行事象	行動	結果事象
ギャング集団に所属	ボロボロの車仲間から壊すよう命令	「やだよ!」と言う	仲間からボコボコにされる(↓)

　ギャング集団に属していると仲間からさまざまな圧力がかけられます。根性試しのような場合もあるでしょうが、要求を拒否すれば暴力による報復(弱化子)を受けます。この場合、困った行動を阻止する行動は弱化されます。

❸困った行動を弱化するのに効果のない随伴性

確立操作	先行事象	行動	結果事象
「盗んだり、壊したりするのは良くない」という社会のルール 夜(人の監視がない)	ボロボロの車が放置されている	車を壊したり、部品を持っていったりする	周囲から非難(小)(−)

　元々持ちの主のはっきりしない放置された車なので、周囲の人からの非難は少ないでしょう。ですから困った行動に対して弱化の随伴性が機能しないことになります。

介入:壊れた状態を放置せず街をきれいな状態にする

確立操作	先行事象	行動	結果事象
街がきれい 警官のパトロール	放置された車	車を壊したり、部品を持っていったりする	周囲から非難、警察に捕まる可能性大(↓)

これに対して、壊れた状態を放置せず街をきれいな状態にし、パトロールをすることで車を壊したりする行動への弱化の随伴性が強まります。

4. 行動が変われば、世界が変わる！

　他にも世界中で、さまざまな問題が山積しています。地球温暖化も人類が取り組まなければならない大きな課題のひとつです。地球温暖化に影響を与えている活動のひとつに大量生産大量消費といった経済活動があります。これを企業側の生産行動と消費者側の消費行動の観点で理論分析してみましょう。

困った行動が生起する要因
❹困った行動を強化する随伴性
❺困った行動を阻止する行動を弱化する随伴性
❻困った行動を弱化するのに効果のない随伴性

企業側の生産行動

❶困った行動を強化する随伴性

確立操作	先行事象	行動	結果事象
消費者のニーズ	製品の市場 工場と材料	大量生産する	コストがかからない(↑) 莫大に儲かる(↑)

第12章　コミュニティや社会問題へのアプローチ | 217

❷困った行動を阻止する行動を弱化する随伴性

確立操作	先行事象	行動	結果事象
消費者のニーズ	製品の市場 工場と材料	リサイクルを奨励し、生産規模を縮小	コストがかかる（↓） 儲けが少ない（↓）

❸困った行動を弱化するのに効果のない随伴性

確立操作	先行事象	行動	結果事象
将来の地球温暖化の警告	製品の市場 工場と材料	大量生産する	大気中の二酸化炭素の増大（僅か）（−）

　企業側では大量生産して製品を売れば、コストが少なく安く商品を出せるのでたくさんの利益を得ることができます。これは企業の生産行動を強化します。逆にリサイクルを行い生産規模を縮小することは、儲けや競争力を失うことにもつながり弱化されます。また、温暖化による目に見える被害が生じるのは、二酸化炭素の蓄積が増大してからなのであまり効果がありません（塵も積もれば山となる型）。

消費者側の行動

❶困った行動を強化する随伴性

確立操作	先行事象	行動	結果事象
コマーシャルで新製品の宣伝	店頭やネット上の商品	大量生産の製品を買う	安く購入（↑） 生活の質が向上（↑） 満足感（↑）

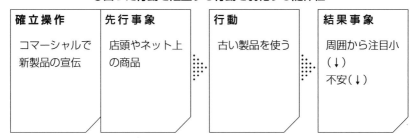

❷困った行動を阻止する行動を弱化する随伴性

確立操作	先行事象	行動	結果事象
コマーシャルで新製品の宣伝	店頭やネット上の商品	古い製品を使う	周囲から注目小（↓） 不安（↓）

❸困った行動を弱化するのに効果のない随伴性

確立操作	先行事象	行動	結果事象
将来の地球温暖化の警告	店頭やネット上の商品	製品を買う	二酸化炭素の増大（僅か）（−）

　消費者側も大量生産品は、安く購入でき、便利で満足感を得られるので、強化されます。テレビコマーシャルやインターネットなどで新製品の宣伝がどんどん行われるとそれを持っていないことが不安をもたらします。そこで古い製品を使い続けることは、弱化されます。また、温暖化による目に見える被害が生じるのは、ずっと二酸化炭素の蓄積の後ですから、効果がありません（塵も積もれば山となる型）。

　このように企業側、消費者側からの二重の強化随伴性が働いているので、なかなか改善はされないのです。大きな被害が生じ始めて、本気になって問題に取り組むのでしょうか。

　10章で紹介した格言は、個人の幸福に関するものでした。しかし、応用行動分析の方法論を応用することで、地域社会を変えることができるのです。この格言をさらに発展させると‥

> あなたの行動が変われば隣人も変わる
> 隣人が変われば地域が変わる
> 地域が変われば社会が変わる
> 社会が変われば国が変わる
> 国が変われば世界が変わる

　これまで、様々な行動を理解するためにたくさんの行動随伴性を分析してきました。行動は環境との相互作用によって変化します。そして行動することで環境が変る。その関係性を理解する鍵が「随伴性」です。私たちはこの随伴性という見えない網の目の中でつながり生きているといっても過言ではありません。私は、一人ひとりの個体が、より良いことのために行動する（強化随伴性）によって世の中がより良く変ると信じています。

　アダム・スミスは、「個々人は自身の利益や幸福のために行動するが、その総体として社会は、神の見えざる手によって秩序が形成されていく」と述べています。市場経済について語った言葉ですが、強化随伴性により個人と社会がより良く変わっていくことにも通じる考えでしょう。しかし、市場にも限界があるように、効果のない随伴性だと人の行動も世の中も良い方向へ変わるのが難しくなります。国家が市場や経済に介入するように、私たちは随伴性を分析して効果のある随伴性に変えていかなければなりません。

　しかし、過去の共産主義のソ連や中国のような政治のリーダーが計画的に随伴性を統制する経済はうまくいきませんでした。それは実際の環境や社会の変化に対して、制度の変更が追いつかないからだと思います。ですから自由主義のように政治のリーダーは大まかな方向性を示して、後は市場や民意が随伴性を微調整するシステムが今のところうまくいっているのではないでしょうか。

　現代は、環境や社会の変化のスピードはさらに加速度を増しています。より良い社会を実現するためには、まず一人ひとりの市民がより良い行動（アクション）を起こすことです。それが良い行動であれば、社会や環境によって強化されます。そうでなければ消去されるか弱化されます。その結果を受けて、さらにより良い行動が自発されるでしょう。日本でも多くのNPOや

NGO が設立され国内外でより良い社会のために活動しています。ボブ・ゲルドフさんやＵ２のボノさんのようにアフリカ支援のために活躍している世界的なロックスターもいます。'餅は餅屋にまかせる'という言葉があるように NPO や NGO のような小回りの効く専門組織が自由に活動できるよう、お金が回る仕組みが必要です。

そこで行動分析学からのより良い社会や人生に関する処方箋は、世の中の価値観に左右されず一人ひとりが自分の好きなこと、得意分野でがんばって行動するということです。できないことや不得意なことを無理しすぎると、自分が病気や不健康になるだけでなく、家族や周りの人までも不幸にします。無理しなくても、テクノロジーの進歩や他者のサポートで世の中はうまく回っていきます。そのような随伴性がうまく機能するためには、趣味にしても仕事にしてもその分野の強化的な共同体に属することです。インターネットなどのテクノロジーは、これまでバラバラだったユニークな個人が相互につながりを持つことで新たな共同体を作り、大きな力を発揮する可能性を秘めています（梅田、2007）。

また、格差社会が叫ばれていますが、スキナーも言っているように物や資源、お金や情報の所有が幸福の源ではありません。実に素朴なことかもしれませんが、お金持ちであろうと貧乏であろうと、'行動して正の強化を受けること'がわたしたちの豊さや幸福の源だということを自覚しましょう。私たちの肉体はいつか塵に帰っていきますが、'行動は永久に不滅です'。

練習問題2 文化や伝統における習慣や宗教上の禁忌事項、道徳、言語の使用などが生まれた要因などについて、行動分析的に考察することを何と言いますか？

練習問題3 マンションの耐震偽装問題が生じた要因について、以下の随伴性に沿って行動分析的に考察してみてください。
❶設計する人の「偽装して設計する行動を強化する随伴性」
❷設計する人の「耐震基準に合わせて設計する行動を弱化する随伴性」
❸設計する人の「偽装して設計する行動を弱化する上で効果のない随伴性」

練習問題4

❶ さまざまな社会問題の中で関心の高いものを一つ選んで、記述してください（新聞記事、雑誌の記事などがあればそれも添付）。

❷ その問題を起こしている行動を1つ選んで、その行動を強化している随伴性を理論分析してみましょう。

❸ その社会問題を改善するためにどうすればよいか解決法を考えてみてください（社会問題を解決するための良い行動は何で、その行動を強化するために必要な随伴性を考えてください）。

参考文献

文化庁（2003）宗教年鑑，ぎょうせい．

ヘイズ，L. J.・ヘイズ，G. J.・ムーア，S. C.・ゲッチ，P. M.（監修），望月昭・富安ステファニー（監訳）（1998）発達障害に関する10の倫理的課題．二瓶社．

北九州市環境局（2002）ごみ出しマニュアル－正しいごみの出し方－．北九州市管理組合営業マニュアル http://www.haseko.co.jp/hcm/k_mnu/kmnu_05_01.html

Malott, R. W. (1992a) Should we train applied behavior analysts to be researcher? *Journal of Applied Behavior Analysis, 25*, 83–88.

Malott, R. W. (1992b) A Theory of Rule-Governed Behavior and Organizational Behavior Management. In T. C. Mawhinney (Ed.), Organizational Culture, Rule-Governed Behavior and Organizational Behavior Management: Theoretical Foundations and Implications for Research and Practice. The Haworth Press, Inc., New York, 45–65.

松岡勝彦・佐藤晋治・武藤崇・馬場傑（2000）視覚障害者に対する環境的障壁の低減－駐輪問題への行動コミュニティ心理学的アプローチ－．行動分析学研究, 15, 1, 25–34.

森下研（1997）ごみ問題をどうするか－廃棄・処理・リサイクル－．岩波ブッ

クレット No.440，岩波書店．

佐藤晋治・武藤崇・松岡勝彦・馬場傑・若井広太郎（2001）点字ブロック付近への迷惑駐輪の軽減－データ付きポスター掲示の効果－．行動分析学研究, 16, 1, 36-47.

島宗理（2000）パフォーマンス・マネジメント－問題解決のための行動分析学．米田出版．

杉山尚子・島宗理・佐藤方哉・マロット，R.W.・ウェイリィ，D.L.・マロット，M.E.（1998）行動分析学入門．産業図書．

杉山尚子（2005）行動分析学入門．集英社新書

梅田望夫（2007）ウェブ時代をゆく－いかに働き，いかに学ぶか．ちくま新書

スキナーB．F．（2003）科学と人間行動．二瓶社

スキナーB．F．（1996）人間と社会の省察－行動分析学の視点から．勁草書房

オドノヒュー＆ファーガソン（2005）スキナーの心理学－応用行動分析（ABA）の誕生．二瓶社

Schlinger, H. & Blackley, E. (1987) Function-altering effects of contingency specifying stimuli. *The Behavior Analyst*, 10, 41–45.

付録1　練習問題の解答

第1章

練習問題1、2、3は本文参照

第2章

練習問題1の解答

　a）ボールを投げる：行動。

　b）静かにしている：行動ではない。人形は静かにしています。ある状態を示しているものは行動ではありません。

　c）ゴミを拾う：行動。

　d）横になっている：行動ではない。人形は横になっています。

　e）試験問題について解法を考える：行動。

　f）屋根から落ちる：行動ではない。豪雪地域では、毎年雪かきをして屋根から落ちる人がいるでしょうが、人形も落ちます。

　g）テレビの面白い場面を思い出す：行動。

　h）手を洗わない：行動ではない。人形は手を洗わないでしょう。「〜しない」というのも行動ではありません。

　i）グラウンドを走る：行動。

　j）背中をかいてもらう：行動ではない。人形にも背中をかいてあげられます。「〜してもらう」という受け身表現も行動ではありません。

練習問題2は本文参照

練習問題3

　❶正しくない：朝の一連の行動を時間順に並べただけで行動随伴性ではない。

　❷正しくない：人形も「寝る」ので、行動ではない。結果の提示も遅すぎる。

　❸正しくない：結果の提示が遅すぎる。

　❹正しくない：「友だちとしゃべりたいと思う」のは思考であり、行動である。「しゃべりたいと思う」先行事象があるはず。

練習問題4

北風による「旅人が上着を脱ぐ」行動の随伴性

結果を見てみると、「寒い」ことは旅人にとって弱化子の提示であり、「上着が飛んでいく」ことは強化子の除去になります。つまり、弱化子の提示、強化子の除去による弱化なのです。これは負の強化ではありません。

太陽による「旅人が上着を脱ぐ」行動の随伴性

一方、旅人にとって「暑い」ことは弱化子なので「暑さが和らぐ」ことは、弱化子の除去による強化、つまり負の強化なのです。

第3章
練習問題1
　本文を参照
練習問題2
　「クラブを一生懸命がんばる」は、行動を測定できないし、さまざまな行動からなっているので客観的な目標ではありません。たとえば、シュートの精度をあげるならば「ゴールに入るようにシュートする」、ドリブルの技を磨くな

ら「足を交互にボールの股通しを行う」など客観的に測定できる目標にします。

練習問題 3

カップラーメンの作り方を教えるには、課題分析を行うと良いでしょう。たとえば、以下のような表を作ってアセスメントします（使う道具や設定、対象者の理解力によって細かい内容は変わってきます）。

カップラーメンを作る課題分析の例	
行動単位	評価
①カップラーメンのふたを開ける	
②ポットから容器の線の所までお湯を注ぐ	
③ふたを閉める	
④タイマーの3を押す	
⑤タイマーの0を押す	
⑥タイマーの0を押す	
⑦タイマーのスタートを押す	
⑧タイマーが鳴るまで待つ	
⑨タイマーが鳴ったらストップを押す	
⑩カップラーメンのふたを開けて食べる	

第4章

練習問題

❶ 毎日、家で宿題をする行動：AB デザイン。介入の効果は確認できない。理由：ベースライン・データも介入データも変動が大きすぎるから。

❷ 療育機関での漢字指導：AB デザイン。介入の効果は確認できない。理由：行動の増加を目標とする介入にもかかわらず、ベースライン・データが増加傾向にあるから。

❸ 学校と家庭における歯磨きの自立指導：場面間多層ベースラインデザイン。介入の効果は確認できない。理由：家庭での介入の前に行動が増加しているから。学校での指導が家庭に般化した可能性、他所での指導が学校、家庭に般化した可能性が考えられる。

第5章

練習問題1

確立操作	先行事象	行動	結果事象
道具箱にドライバーがない	物置のドアのちょうつがいが壊れている	ドライバーを買いにいく	ドアの修理が出来る(↑)

練習問題2

　毎朝ジョギングをする行動は、良い行動で続かないわけですから、良い行動が生起しない3つの要因について考えます。

① 良い行動を弱化する随伴性

確立操作	先行事象	行動	結果事象
朝ボーっとした状態	朝出勤する前の早い時間	朝ジョギングする	だるい(↓) 面倒くさい(↓) 汗をかく(↓)

② 良い行動を邪魔する行動を強化する随伴性

確立操作	先行事象	行動	結果事象
朝ボーっとした状態	テレビがついていて面白いニュース	テレビを見る。	体が楽(↑) 面白い(↑) リラックス(↑)

③ 良い行動を強化するのに効果のない随伴性

確立操作	先行事象	行動	結果事象
運動会のリレーで走る役割	朝出勤する前の早い時間 家族の期待	朝ジョギングする	ごくわずかにコンディションがあがる（−）

練習問題3

夜遅くまでネットサーフィンするのは、困った行動でやめられないわけですから、困った行動が生起する3つの要因について考えます。

① 困った行動を強化する随伴性

確立操作	先行事象	行動	結果事象
ネット接続のパソコン	夜遅い時間 パソコン	ウェブサイトをクリックする	面白い画像や情報（↑）

② 困った行動を阻止する行動を弱化する随伴性

確立操作	先行事象	行動	結果事象
ネット接続のパソコン	夜遅い時間 パソコン 教科書	教科書を読む	つまらない（↓） 面白い画像や情報なし（↓）

③ 困った行動を弱化するのに効果のない随伴性

確立操作	先行事象	行動	結果事象
朝、授業がある	夜遅い時間 パソコン	ウェブサイトを クリックする	翌朝、起きるの が少し辛い(−)

第6章

練習問題1

　a）行動

練習問題2

　b）ズボンを取ったら褒める

練習問題3

　最初は、着替えるたびにご褒美をあげて強化するが、徐々に減らして間欠強化にする。

練習問題4

　お手伝いをしたら、ほめる、ご褒美をあげる、トークンをあげる、遊んでも良い（プレマックの原理）と言うなど強化の仕方を工夫する。

練習問題5

　❶泣きを無視し我慢して帰れたら褒め言葉をかける、❷1つだけと約束し、泣き止んだら買ってあげる、❸何か良いことをしたら次に買ってあげると約束するなど

練習問題6

　❶兄弟げんかへの直接の介入として、タイムアウトなどの弱化の手続きを行う、❸仲良くさせる為の介入として、仲良くしていたらご褒美や褒め言葉、一緒に遊ぶなど

第7章

練習問題1、2ともに本文参照

第8章

練習問題1

- ❶熱い鍋に触って手を引っ込める：レスポンデント行動
- ❷グランドを走る：オペラント行動
- ❸寒くて体が震える：レスポンデント行動
- ❹背中を掻く：オペラント行動
- ❺昼ごはんのことを考える：オペラント行動
- ❻美しい景色を見て胸がジーンとする：レスポンデント行動

練習問題2

- ❶無条件反応 UR あるいは条件反応 CR は、胸が苦しくなる、頭痛がすることです。
- ❷無条件刺激 US は「サリン」で、条件刺激 CS は「地下鉄」や「電車でトンネルを抜けること」です。
- ❸地下鉄だけでなく、地上の電車でも同様の症状が生じることを「刺激の般化」と言う。
- ❹日比谷線を避けて別の電車に乗る行動は「回避行動」で、「オペラント行動」です。

第9章

練習問題1、2、3、4ともに本文参照

第10章

練習問題1

　実践例「弟のものぐさ行動の改善」における行動目標は、「歯磨き粉を洗面所に戻す」です。これは、家族の人が歯磨きをする時に洗面所に歯磨き粉があることで、生活上の不便さを解消できるわけですから QOL テストを合格します。

練習問題 2

　実践例「父親のものぐさ行動の改善」における行動目標は、「毎晩帰宅する時に靴下を表に直して洗濯機に入れる」です。家族の中で洗濯をする役割の人にとって、臭いの強い靴下を表に直すことは苦痛でもありますので、QOLテストを合格します。

練習問題 3

　実践例「父親の喫煙行動の改善」における行動目標は、「台所の換気扇で喫煙する」です。家族の人によってたばこの煙は、非常に不快な刺激です。しかも、この煙の摂取量が長年蓄積されることで、健康上の問題が生じる可能性も高まります。ですからQOLテストを合格します。

第11章

練習問題 1
　本文参照

練習問題 2
　食行動に関する目標と運動に関する目標

練習問題 3
　本文参照

練習問題 4
　見通しを持てない新奇の人、場所、治療手順に対して不安を持つことが多いので、見通しが持てるように治療者、場所、手順を視覚的に提示します。

第12章

練習問題1

(a) ごみ捨て禁止のたて看板のある畑でごみを捨てる

確立操作	先行事象	行　動	結果事象
立て看板の文面	立て看板のある畑 手元にごみ	ごみを捨てる	罪悪感を感じる（↓）

(b) 地蔵のある場所でごみを捨てる

確立操作	先行事象	行　動	結果事象
小さい頃から聞いている宗教的な話	地蔵のある場所 手元にごみ	ごみを捨てる	「ばち」が当たると考える（↓）

(c) 落書きのある道端でごみを捨てる

確立操作	先行事象	行　動	結果事象
特になし	落書き塀のある道端 手元にごみ	ごみを捨てる	持ち物がすっきりしてきれい（↑）

練習問題2

理論分析

練習問題 3

以下の考察はひとつの例であって、絶対的に正しい解答ではありません。推測できる要因は幾つでもあると思います。

① 設計する人の「偽装して設計する行動を強化する随伴性」

確立操作	先行事象	行動	結果事象
安い物件を求める消費者・マンション業者	マンション業者の依頼	偽装して設計する	建築費安い(↑) 業者の依頼が増える(↑)

② 設計する人の「耐震基準に合わせて設計する行動を弱化する随伴性」

確立操作	先行事象	行動	結果事象
設計事務所の厳しい経営状況	マンション業者の依頼	耐震基準に合わせて設計する	建築費高い(↓) 業者の依頼なくなる(↓)

③ 設計する人の「偽装して設計する行動を弱化する上で効果のない随伴性」

確立操作	先行事象	行動	結果事象
建築基準に関する行政や社会の監視	マンション業者の依頼	偽装して設計する	消費者が気づいて告発する（気づく確率が低い）

天災は忘れた頃にやってくる型

付録2　授業で提出する実践課題

実践課題1　実現したい夢や希望

1．自分自身の行動について
　❶なくしたい行動、困った行動は何ですか？
　❷身に付けたいけど、出来ていない行動は何ですか？
2．周りの人（家族、友だちや仲間、近所の人、先生、バイト先や部活などの組織、地域の人々、ペットなど）の行動について
　❶なくして欲しい行動、困った行動は何ですか？
　❷身に付けて欲しいけど、出来ていない行動は何ですか？

実践課題2　行動目標の選定と記録方法

　今日の講義を参考して、**実践課題1**で書いてもらった様々な行動の中から実践してみたいものを1つだけ選び、行動目標を記入してください。後で別の目標を考えた人は、それを書いてもらっても構いません。またその行動を記録する方法を考え、記録用紙を作ってみてください。（※1他者の行動を目標にする場合は、本人の同意を取ってください。※2目標について改善の取り組みは、まだしないでください）

1．行動目標
　❶対象者：
　❷行動目標：
　❸行動が実施される場面や状況：
　❹達成基準：

2．記録方法
　❶どうやって記録するか？
　❷実際の記録用紙を書いてください

実践課題3　ベースラインの記録とグラフ化

1．ベースラインの記録

決定した行動目標について、これから一週間、記録を取って見ましょう。これは、介入（改善）を行う前の自然な状態（ベースライン）を知るためのものですので、改善の取り組みは、まだしないでください。

２．ベースラインのグラフ化

　4章を参照してベースライン記録のグラフを書いてください。グラフには、以下のように題名、縦軸、横軸の単位をつけ、折れ線グラフで描きます。

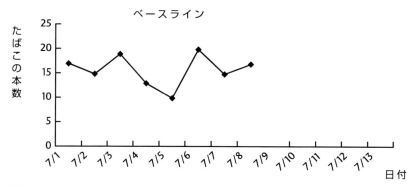

図 一日に吸うたばこの本数の推移

実践課題4 現状での行動随伴性の理論的分析

　介入方法を考える前に、目標が達成できないのはなぜなのか？について行動随伴性の理論的分析を行ってください。5章の行動随伴性の理論的分析を参照してください。それから継続してベースラインの記録を取り続けてください。（※改善の取り組みは、介入法が決まるまではしないでください）

１．良い行動を身に付けることを目標にしている人の場合

❶良い行動を弱化する随伴性

　良い行動を弱化している随伴性、つまり、結果として弱化子が提示される、あるいは強化子がなくなるような随伴性が働いていないか考えて、文章で書いてみてください。次に随伴性の図を書いてください。

❷良い行動を邪魔する行動を強化する随伴性

　良い行動に相反する、邪魔する行動がないか考えてみます。良い行動をする代わりに日ごろ何をしているか文章で書いてください。次にその邪魔する

行動を強化する随伴性を考え、図を書いてください。
❸良い行動を強化するのに効果のない随伴性
　なぜ良い行動の目標を立てたのでしょうか。目標を達成することによるメリット（強化子の出現や弱化子の消失）は何でしょうか？それを考えて文章で書いてください。しかし、現状では効果がないのですから、結果が小さすぎる（塵も積もれば山となる型）か、確率が低い（天災は忘れた頃にやって来る型）はずです。そのどちらでしょうか？次にその随伴性を考えて図に書いてください。

2．困った行動をなくすことを目標にしている人の場合
❶困った行動を強化する随伴性
　困った行動を強化している随伴性、つまり結果として強化子が提示される、あるいは弱化子がなくなるような随伴性が働いていないか考えて文章で書いてください。次にその随伴性の図を書いてください。
❷困った行動を阻止する行動を弱化する随伴性
　次に困った行動をやめようと努力している行動がないか検討して、文章で書いてみましょう。しかし、その努力は上手くいっていないので、弱化されている（結果として弱化子が提示されるか、強化子がなくなる）はずです。その随伴性の図を書いてみましょう。
❸困った行動を弱化するのに効果のない随伴性
　なぜ困った行動を改善する目標を立てたのでしょうか？困った行動を続けることによるデメリット（弱化子の出現や強化子の消失）は何でしょうか？それを考えて文章で書いてみてください。しかし、現状では、行動を弱化するのに有効に作用していないのですから、結果が小さすぎる（塵も積もれば山となる型）か、確率が低い（天災は忘れた頃にやって来る型）ということです。そのどちらでしょうか？次にその随伴性を考えて図を書いてください。

実践課題5 介入方法の選定
　これまでの記録やグラフ、行動随伴性の理論的分析を基にして、目標行動を

改善するための方法（介入方法）を以下の要領で書いてください。特別な介入方法を試さなくても、記録やグラフ化することで改善が見られた人もいると思います。その場合の介入方法は、「記録とグラフ化」です。介入法が決定した人は介入を始めてください。記録は継続して取り続けます。

1．行動目標：
　❶対象者：
　❷行動目標：
　❸行動が実施される場面や状況：
　❹達成基準：
2．介入方法：
　❶介入方法：
　❷介入を始めた日時：

実践課題6　ベースラインと介入のデータのグラフ化

これまでのベースラインと介入の記録をグラフ化してください。グラフ化の留意点などについては、4章を参照してください。グラフには、題名、縦軸、横軸の単位をつけ、折れ線グラフで描きます。ベースラインと介入を隔てる箇所は、データを線で結ばず、縦で線を引いてください。

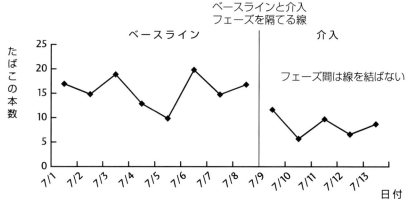

図　一日に吸うたばこの本数の推移

実践課題7 介入の行動随伴性の理論的分析

1．介入によって行動が改善された場合

　介入によって目標行動が改善したのはなぜなのか？の理論的分析を行ってください。そのために、「目標行動の遂行に効果のある介入の随伴性」を考えてください。複数考えられる場合は複数書いてください。介入が成功した人は、一旦ここで記録は終了です。別の目標を作って頑張りたい人は、また **実践課題2** から始めてもらっても構いません。

2．介入によって行動が改善されなかった場合

　介入を行っても目標行動が改善しなかったのはなぜなのか？の理論的分析を行ってください。そのために「目標行動の遂行に効果のない介入の随伴性」を考えてください。複数考えられる場合は複数書いてください。介入が成功しなかった人は、新たな介入法を考え **実践課題5** から再びはじめてください。

付録3　実践レポートのまとめ方

　対人支援の方法論として行動分析学を自分のものとして学ぶには、実際に何らかの問題解決に取り組んでみることが有効です。9章の2の(1)～(3)や10章の1の(1)～(3)、12章の2では、生活に身近な問題について行動分析的な介入に取り組んだ学生の実践事例を紹介しました。レポートのまとめ方はこの実践事例を参考にしてください。実際の事例を通して、問題解決のための目標設定から、行動随伴性の分析、介入法の計画と実施、結果と考察までのプロセスの概略を学べます。ここでは、実践レポートのまとめ方について解説します。

　レポートは、Ａ4の用紙にワープロで記入してください（ワープロを持っていない人は、手書きでも構いません）。
レポートの形式

```
表紙
本文　1．はじめに
　　　2．方法
　　　3．結果
　　　4．考察
```

〈表紙〉レポートには、表紙をつけてください。
- 題　　名：例）「父親の家での喫煙行動の改善」
　　　　　　自分のレポートの内容に合ったユニークな題名を考えてください。
- 名　　前：例）玄海　松五郎（げんかい　まつごろう）
- 学籍番号：例）20050714
- 提出年月日：例）2005年7月14日

〈**本文**〉各項目には、以下のような番号とタイトルをつけて、わかりやすく記述してください。
1．はじめに
　自分が改善しようとしている事柄は何か？これまでの経緯や背景は何か？応

用行動分析とはどんな学問で、問題の改善のためにどう役立つのか？など。

2．方法
（1）行動目標

行動目標は、以下のような項目で順番に意味の通る文章で記入してください。

❶対象者：対象者の名前は、プライバシーの保護が必要な場合はイニシャル（たとえば、山田太郎ならばTY）や仮名（たとえば、ひろしなど）で書く。その他その人の背景となる情報を書く。

❷行動目標：客観的、具体的な行動の用語で記述する。

❸行動が起こる状況：行動が生じて欲しい状況や場面などを記述する。

❹行動の達成基準：最終的にどの位できれば達成できたと言えるのか基準（頻度、持続時間、割合、行動の履歴など）を書く。

（2）介入前の行動随伴性の説明

あなたの行動目標が、良い行動を増やしたいならば「良い行動がなぜ起こらないのか？」あるいは困った行動を減らしたいならば「困った行動がなぜ起こるのか？」について理論分析（5章参照）を行い、3つの随伴性の図を書いて説明します。この図は幾つでも構いません。図だけでなくその説明も文章で書いてください。

（3）介入法について

問題を改善するために実際に行った介入方法について、分かりやすく意味が通るように文章で記述してください。介入法が複数ある場合は、介入1、介入2など区別して書いてください。行動を観察し記録する方法も書いてください。

3．結果

下記のABデザインのグラフの例を参考にして、結果を表わすグラフを添付して、その変化の様子を文章で記述してください。グラフには、題名、縦軸、横軸の単位をつけ、折れ線グラフで描きます。ベースラインと介入を隔てる箇所は、データを線で結ばず、縦で線を引いてください。

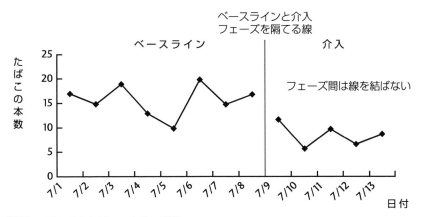

図 一日に吸うたばこの本数の推移

4．考察

　まず、介入による行動随伴性の図を書いて、その説明を文章で書いてください。次に、ぜその介入法が上手くいったのか、あるいは上手くいかなかったのかの説明を文章で書いてください。最後に、これからの課題や感想も書き加えてください。

索 引

ア

アダム・スミス ……………… 220
新しいレパートリーを教える …… 100
アルバート ………………… 38, 52
EMD/R ……………………… 149
医療における行動支援 …………… 184
インターバル記録法 ……………… 41
ウィリアム・ジェームス …………… 8
ウォルピ …………………… 145
ウォルフ ………………… 14, 37
運動習慣 …………………… 184
ABAデザイン ………………… 56
ABABデザイン ……………… 56
ABCE分析 …………………… 116
ABC記録 ……………………… 46
ABCデザイン ………………… 54
ABC分析 ……………………… 20
ABC分析の各マスを記入する際の指針 …………………… 21
ABデザイン …………………… 53
エクスポージャー ……………… 149
エスディー（S^D） …………… 29
エスデルタ（S$^\Delta$） ……… 29
SUD ………………………… 146
エピソード記録 ………………… 44
援助の仕方 …………………… 45
応用行動分析 …………………… 14
弟のものぐさ行動の改善 ………… 170
オペラント行動 …………… 134, 135
オペラント条件付け …………… 143

カ

介入群 ………………………… 50
回避行動 ……………………… 144
学習性無力感 ………………… 111
確立操作 ……………………… 65
確立操作となりうるような出来事 … 67
確立操作に焦点をあてたアプローチ … 107
過剰修正法 …………………… 86
ガスリー ……………………… 10
仮説構成体 …………………… 11
仮説的構成体 ………………… 64
課題分析 ……………………… 44
活動スケジュール ………… 101, 104
感覚的な強化子 ……………… 123
環境設定を調整する方法 ……… 106
環境を整える ………………… 100
関数関係 ……………………… 53
危険刺激 ……………………… 141
喫煙行動の改善 ……………… 175
機能的アセスメント …………… 117
機能主義心理学 ………………… 8
逆制止の原理 ………………… 145
逆行連鎖化 …………………… 98
QOL（生活の質）テスト ……… 180
強化 …………………………… 81
強化子 ………………………… 24
強化子の種類や強さ …………… 83
強化子の提示の仕方とタイミング … 84
強化スケジュール ……………… 30

強化の原理	24, 81
競合できない行動を教える	99
恐怖	134
恐怖症	134, 139
恐怖症の行動療法	144
恐怖反応	143
禁煙行動の事例	157
筋弛緩訓練	148
筋弛緩の訓練	144
グループ比較研究法	50
系統的脱感作	146
ケーゲル	94
結果事象	20
結果の操作	80
言語行動	64
現実脱感作	147
効果のある随伴性	68
効果のない随伴性	68
効果のないルール	154
効果の法則	9
交感神経	140
構造化のアイディア	101
行動が生起したことを示す記録や証拠	44
行動間多層ベースラインデザイン	58
行動形成	92
行動コミュニティ心理学	212
行動主義心理学	8, 9
行動随伴性	20
行動のアセスメント	36
行動のアセスメントのプロセス	36
行動の観察と記録	40
行動の原因	12
行動の持続時間	43
行動の生起数を測定する	41
行動分析学	10
行動目標の書き方	38
行動目標の選定	36
行動目標を選定する基準	37
行動問題のアセスメント	117
行動問題の機能を考えるためのフローチャート	120
コールバーグ	202
個人攻撃の罠	181, 242
困った行動が生起する要因	73
固定時隔スケジュール	31
固定比率スケジュール	31
個別教育計画	50
個別支援計画	50

サ

シェイピング	92
ジェームズ・ウィルソン	212
視覚的な合図	101, 102, 127
視覚的なスケジュール	127
歯科治療	193
刺激の般化	143
自己強化	188
自己教示	199
自己刺激行動	100, 122
自己主張訓練	148
自傷	123
実験的行動分析	14
実証主義哲学	8
社会的な随伴性	81

社会的不承認 ……………… 86
弱化 …………………………… 81
弱化子 ………………………… 24
弱化の原理 …………… 26, 85
弱化の手続きを用いる上での留意
　点 ……………………………… 89
従属変数 ………………… 51, 53
習得性の強化子 …………… 83
習得性の弱化子 ………… 125
順行連鎖 …………………… 99
消去 ………………………… 90
消去の原理 ………………… 27
消去の手続き ……………… 90
条件刺激 ………………… 138
条件性確立操作 …………… 68
条件反射 ………………… 9, 138
条件反応 ………………… 138
生得性の強化子 …………… 83
剰余変数 …………………… 53
食行動 …………………… 184
自律神経 ………………… 140
進化論 ………………………… 8
シングルケーススタディ …… 51
新行動主義 ………………… 10
心身二元論 ………………… 13
心的外傷後ストレス障害
　………………………… 134, 140
随伴性形成行動 ………… 153
随伴性による制御 ……… 153
スキナー …………………… 10
スキナーボックス ………… 10
精神分析 …………………… 13
セリグマン ……………… 110
セルフマネージメント … 156

先行事象 …………………… 19
漸次的接近 ………………… 92
全体時間間隔記録法 ……… 42
ソーンダイク ………………… 9

タ

ダーウィン ……………………… 8
対照群 ……………………… 50
対象者間多層ベースラインデザイ
　ン ……………………………… 58
対人・社会不安の克服 … 148
代替行動の分化強化 …… 124
タイムアウト ……………… 87
タイムアウトの種類 ……… 88
タイムアウトの手続き …… 88
タイムサンプリング法 …… 42
大量消費 ………………… 217
大量生産 ………………… 217
他行動の分化強化 ………… 99
多層ベースラインデザイン … 57
チェイニング ……………… 95
地球温暖化 ……………… 217
父親のものぐさ行動の改善 … 173
中枢神経系 ……………… 140
中性刺激 ………………… 137
直接的な弱化子の提示 …… 85
塵も積もれば山となる型 … 68
TEACCHプログラム ……… 101
データの傾向 ……………… 52
データの変動性 …………… 52
徹底的行動主義 …………… 10
天災は忘れた頃にやってくる型
　……………………………… 69
点字学習の事例 ………… 163

動機づけアセスメント尺度 ······· 117
道徳性の発達 ·················· 202
道徳性発達理論 ················ 202
糖尿病へのアプローチ ·········· 184
逃避行動 ······················ 138
動物心理学 ······················ 8
トークン ······················· 84
特別支援教育 ··················· 50
独立変数 ··················· 51, 53
トルートマン ··············· 38, 52

ナ

ニュートン ······················ 8
人形テスト ····················· 18
認知行動療法 ··················· 64
認知心理学 ····················· 10

ハ

ハーセン ······················· 59
バーロー ······················· 59
派生の原理 ····················· 83
パフォーマンス・フィードバック
 ····························· 167
パフォーマンスマネージメント
 ····························· 170
パブロフ ······················ 136
場面間多層ベースラインデザイン
 ······························ 58
ハル ·························· 10
反転法 ························· 56
反発の原理 ····················· 82
PTSD ····················· 134, 140
ビルドインされた随伴性 ········· 81
HIROCO法 ······················ 94

不安 ·························· 134
不安階層表 ···················· 146
不安事態の再挑戦 ·············· 146
不安神経症 ···················· 134
フィッシャー ··················· 50
フェイドアウト ················· 98
副交感神経 ···················· 140
復帰の原理 ····················· 27
物理的構造化 ·················· 101
部分強化 ······················· 84
部分強化スケジュール ··········· 30
部分時間間隔記録法 ············· 42
プライア ······················· 95
フラッシュバック ·············· 140
フラッディング ················ 147
フリーオペラント法 ············· 94
プレマックの原理 ··············· 84
ブロークン・ウィンドウ理論
 ····························· 212
プロンプト ················· 45, 96
プロンプトの段階 ··············· 45
分化強化 ······················· 92
文脈刺激 ······················ 101
ベアー ····················· 14, 37
ベースライン ··················· 51
ペナルティ ····················· 87
変動時隔スケジュール ··········· 31
変動比率スケジュール ··········· 31
弁別刺激 ······················· 29
弁別の原理 ················ 28, 101
方法論的行動主義 ··············· 9
ポジティブな支援アプローチ
 ····························· 116
ポジティブな対処法 ············ 116

マ

守りにくいルール ………… 156
守りやすいルール ………… 156
マルチプローブ技法 ……… 59
無条件刺激 ………………… 136
無条件性確立操作 ………… 68
無条件反応 ………………… 136
目標に締め切りをつける … 180
モリスの基準 ……………… 39
問題解決の手順 …………… 116
問題箱 ……………………… 9

ヤ

有意差 ……………………… 50
良い行動が生起しない要因 … 68
予期不安の克服 …………… 148

ラ

理学療法でのアプローチ … 191
リズレイ ……………… 14, 37
リラクゼーション ………… 125
リラックス反応 …………… 144
理論的行動分析 …………… 14
理論的分析 ………………… 64
ルール ………………… 152, 153
ルール支配行動 …………… 153
ルールによる制御 …… 152, 153
レスポンスコスト ………… 87
レスポンデント行動 … 134, 135
レスポンデント条件付け … 9, 135
レスポンデント条件付けのメカニズム ……………………… 136
連合主義心理学 …………… 9
連鎖化 ……………………… 95
連続強化 …………………… 84
連続強化スケジュール …… 30
60秒ルール ………………… 25

ワ

ワークシステム ……… 101, 105
ワトソン …………………… 9

著者略歴

今 本　繁（いまもと　しげる）
主なプロフィール
1997年　筑波大学博士課程心身障害学研究科教育学修士取得.
1997年　社団法人大野城すばる園にて研究及び非常勤指導員.
1999年　国立肥前療養所（現肥前精神医療センター）心理療法士.
2000年　Western Michigan University 心理学部行動分析学夏期講座修了.
2001年　University of North Carolina at Chapel Hill 医学部精神科
　　　　Division TEACCH, Greenville TEACCH Center インターン研修.
2002年　西南女学院大学・保健福祉学部・福祉学科．講師
2006年　ピラミッド教育コンサルタントオブジャパン株式会社代表取締役
2017年　合同会社 ABC 研究所代表　臨床心理士（登録番号 7644）　教育学修士（筑波大学大学院）　自閉症スペクトラム支援士 EXPERT　教育学博士（東京学芸大学大学院）

主な著書に「自分を変えたい人のための ABC モデル」（ふくろう出版）、「動画で学ぶ障害福祉入門」(学苑社)、訳本に「心理教育プロフィール（PEP-3）三訂版」（川島書店）

https://www.abclab15.com

イラスト
竹之下ひかり（元西南女学院大学・保健福祉学部・福祉学科学生）

|JCOPY| 〈(社)出版者著作権管理機構 委託出版物〉

本書の無断複写(電子化を含む)は著作権法上での例外を除き禁じられています。本書をコピーされる場合は、そのつど事前に(社)出版者著作権管理機構(電話 03-5244-5088、FAX 03-5244-5089、e-mail: info@jcopy.or.jp)の許諾を得てください。
また本書を代行業者等の第三者に依頼してスキャンやデジタル化することは、たとえ個人や家庭内での利用であっても著作権法上認められておりません。

ポジティブな行動支援
看護・福祉・教育職をめざす人の ABA 入門

2025 年 5 月 7 日　初版発行

著　者　今本　繁

発　行　ふくろう出版

〒700-0035　岡山市北区高柳西町 1-23
　　　　　友野印刷ビル
　　　　　TEL：086-255-2181
　　　　　FAX：086-255-6324
　　　　　http://www.296.jp
　　　　　e-mail：info@296.jp
　　　　　振替　01310-8-95147

印刷・製本　友野印刷株式会社
ISBN978-4-86186-941-9 C3011　　ⒸIMAMOTO Shigeru 2025

定価はカバーに表示してあります。乱丁・落丁はお取り替えいたします。